〝キャデ

JN122743

実践 ゴルフルール 基本と
クイズ100問

フォア〜ッ！

はじめに

2019年1月1日からゴルフのルールが大きく変わりました。この大改正が行なわれた背景には、

（1）複雑で難解なルールを分かりやすく簡単にして

（2）プレー時間のスピードアップを図る

目的があります。

2019年の改正ルールはそれまで34項目あった条項を24項目に減らし、できる限り罰打をなくし、プレーのスピードアップ化に役立つように見直されました。

ルールブックでは、キャディは「クラブを持って行くこと、運ぶこと、扱うこと。そしてプレーヤーにアドバイスを与えられる唯一の人として、ラウンド中のプレーヤーを助ける人」と定義されています。キャディさんは水先案内人です。前の組と付かず離れずプレーヤーたちを上手にリードして、プレー時間のスピートアップを図りましょう。

また、時に「キャディさん、これはどうしたらいいのかなぁ」とトラブルの処置について質問を受けることもあるでしょう。そんな時は正しく応えられるようになりたいものです。

本書は特にキャディさんが知っておかなければならないルールを分かりやすく解説しました。正しくルールを覚えて、スムーズにラウンドできるようにサポートしていきましょう。

目 次

（本書はストロークプレーを対象にしています）

撮影協力・相模湖カントリークラブ

第 1 章

エチケット

　たくさんの洒脱なゴルフエッセイを書き遺した故・夏坂健氏。そのひとつ、ゴルフ発祥の地スコットランドに伝わるゴルフの精神として、

　『ゴルフに携わる者は、断固として掟に従わなければならない。その掟とは、自分がプレーした痕跡は一切残さず、他人に迷惑をかけないこと』

　『痕跡を残さずとは、ディボット跡は必ず埋め戻すこと。バンカーとグリーン上の痕跡は必ず修復すること。さらには目に止まったゴミは必ず拾うこと。なぜならば、拾いそこねたゴミは貴兄が捨てたと疑われても弁解の余地がないからだ』

　と基本的マナーの一端を紹介しています。

1. 安全の確認

　ゴルフを快適に楽しむには「安全を確認」することが欠かせません。練習スイング（素振り）やストローク（球を打つ）を行なう前に、クラブが当たるような身近なところ、またはボールや小石、枝が飛んで行って当たる可能性がある場所に誰もいないことを確かめておくことが必要です。

　早くプレーすることは重要ですが、「あそこまでは飛ばないから」と打とうとするプレーヤーには、キャディさんが危険だと思ったら「少々お待ちください」とハッキリ知らせなければなりません。

　また、プレーヤーがストロークするときにほかの人が前に出ている場合には、「危ないですからお下がりください」と注意しましょう。万が一、打ったボールが前の組に届きそうだったり、隣のホールに飛んでいったときには、打った人だけでなく、キャディさんも間髪を入れず「フォアー！」と大きな声で危険を知らせます。

2. ほかのプレーヤーへの心くばり

　ゴルフは誰にも邪魔されないでプレーすることが保証されているスポーツです。したがって、プレーヤーがアドレスして打つ準備に入ったら、ほかの人は動いたり、大きな声で話したり、音をたてるなど邪魔になるようなことをしてはいけません。

プレーヤーの視野に入らないところで、静かにプレーヤーのプレーとボールの行方を見守ります。

　特にキャディさんがボールの後方延長線上やその近くに立ったままプレーするとルール違反で2罰打となるので絶対に後方延長線上に立ってはいけません。プレーヤーの視野に入らず、なおかつボールの行方が見やすい位置に立つことがポイントです。

3. 速やかなプレーのペース

　ゴルフは8分〜10分の間隔でスタートして、一定のペースを守りながら大勢の人が〝流れ〟に乗ってプレーを楽しみます。しかし、時には林の中やラフなどにボールを入れて球捜しでペースを乱すことがあります。球捜しの時間は3分と決められています。すぐにはボールが見つけられないと判断したら、速やかに後続の組にパスするよう合図すべきです。

　また、球捜しの間にほかの人がプレーできる準備が整い、なおかつ前の組がボールの届く範囲の外に出ているときは〝遠球先打〟の原則にこだわらないで、プレーの順番を変えて、打つ準備が整った人から先に打ってもらう「レディーゴルフ」を実践していきましょう。

　暫定球も速やかなプレーのペースを守るのに欠かせない重要なルールです。打ったボールがOB

や崖下、深いラフなどで紛失の可能性があると思われる場所に飛んで行ったときは、「念のため、暫定球をお願いします」とアドバイスしましょう。暫定球をプレーしておけば、初めのボールが万が一OBや紛失球になっても元の場所に引き返さずに、1罰打を加えて暫定球でのプレーをそのまま続けられるからです。

　なお、暫定球をプレーするときは、プレーヤーは必ず「暫定球を打ちます」と宣言しなければなりません。「もう1球打ちます」は認められません。暫定球という言葉を言わないとそのボールは即インプレーのボールとなり、初めのボールは紛失球となります。覚えておきましょう。

4. コースの保護

(1) バンカー

　バンカーで打った後の凹みや足跡は、本来はプレーヤーがきれいにならしてからバンカーを離れるべきですが、日常的にはキャディさんが代わって行なっています。バンカーへの出入りはボールに近く、段差の低いところから入り、出るときは足跡をならしながら同じルートを後ずさりして戻ります。もし、自分の組のプレーヤー以外の人が以前に作った足跡などがあれば一緒にきれいにならしておきましょう。

(2) ディボット跡

　ストロークで切り取った芝をディボット、その結果できた穴をディボットマークと言います。切り取られたディボットは直ちに元の位置に戻して踏みつけておきます。またはディボットマークには目土を入れて穴を修復します。目土を入れることで芝の修復が早まるからです。自分の組のプレーヤーだけでなく、目についたディボットマークには目土を入れてコースコンディションを整えるようにしましょう。

(3) パッティンググリーン

　プレーヤーのボールが、バッティンググリーン（本書では以降グリーンと略します）上にある場

合、そのプレーヤーのキャディさんはプレーヤーの承認なしにボールをマークして拾い上げて拭き、元の位置に置くことができます。現実には１人のキャディさんが３人、４人のプレーヤーにつくことが多いと思います。ホールから離れたボールから手際よくボールを拾い上げて拭き、リプレースすることでプレーのスピードアップを図りましょう。

　ほかにグリーン上では砂やバラバラの土を取り除いたり、ボールの落下の勢いでできた小さな穴（ボールマーク）やスパイクの引っかき傷などのスパイクマークあるいは古いホールの埋め跡といった損傷を修復することができます。

　グリーンは大変デリケートな場所です。旗竿の抜き差しでホールの縁を傷つけたり、抜いた旗竿でグリーン面を傷つけてはいけません。できれば抜いた旗竿はグリーンの外（グリーンカラー）に置くようにしましょう。

第2章

用語の定義

　ルールブックでは「定義された用語をよく知ることは正しい規則の適用にとても重要です」といっています。70を超える用語の定義の中から普段のプレーに必要不可欠な用語を選んで説明します。耳慣れない用語もあるかと思いますが、一つひとつ覚えていくことがルールを正しく理解する早道となります。

アウトオブバウンズ

コース外のプレーが禁止されている区域のことで普通「OB」と呼んでいます。コース内（インバウンズ）との境界は通常白杭や白線で示されます。

アウトオブバウンズが白杭で表示されている場合、隣接する杭と杭のコース側を地表レベルで結んだ線が境界線となります。白線で表示されている場合は線自体がアウトオブバウンズなので、白線のコース側の縁が境界線となります。この境界線にボールの一部でも触れていれば、コース内のボールとなりプレーすることができます。

境界線は地面の上方と下方に及びます。インバウンズに生えている木でも、その木の枝にひっかかっているボールの真下の地点がアウトオブバウンズであったら、それはOBの球となります。なお白杭は動かしたり抜くことはできません。

アウトオブバウンズとなった場合、プレーヤーは1罰打を加えて、そのボール

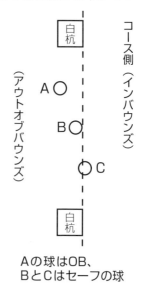

Aの球はOB、
BとCはセーフの球

を打った元の位置から打ち直します。ティーショットがOBの場合、打ち直しはティーイングエリアから第3打目となります。

アドバイス

　クラブを選択するとき、ストロークするとき、プレーヤーがどうプレーするかを決断するときに、影響を与えるような助言または示唆のことをいいます。ただしルールがどうなっているのか、距離に関する情報、またバンカーや池、ピンの位置など誰もが知っている公の情報はアドバイスではありません。

　プレーヤーは他の人にアドバイスをしたり、求めたりすることはできません。唯一、自分のキャディだけにアドバイスを求めることができます。

異常なコース状態

　「動物の穴」「修理地」「動かせない障害物」「一時的な水」の状態によって障害が生じたとき、プレーヤーは救済を受けることができます。

一時的な水

　ペナルティーエリア以外の場所で、プレーヤーがスタンスをとる前から見える水、あるいはスタンスをとった後にスパイクの周りにしみ出てくる水のこと。一時的な水の場所に球が止まったりスタンスがかかる場合は救済を受けることができます。

ただし、次の物は一時的な水ではありません。

◆　露や霜

◆　雪と自然の氷はプレーヤーの選択で一時的な
　　水またはルースインペディメントとして処置
　　します

◆　ロックアイスなど人工の氷は障害物

インプレー

　プレーヤーがティーイングエリアからストローク
したとき、その球はただちに「インプレー」とな
り、ホールアウトするまでその状態は続きます。

　ただし、次の場合を除きます。

◆　その球が拾い上げられたとき。なお、拾い上
　　げられた球をドロップ、プレースまたはリプ
　　レースすると、再び「インプレー」の球に戻
　　ります

◆　その球を紛失またはアウトオブバウンズだっ
　　たとき

◆　（ルールに認められていない場合も含めて）
　　別の球に取り替えたとき。このとき、取り替
　　えた球が「インプレー」の球となります

　インプレーでない球は誤球です。これをストロ
ークすると違反になります。

動いた

　止まっている球が元の箇所を離れて他の箇所に
止まり、それが肉眼によって見ることができる場

合にその球は「動いた」とみなされます。前後左右ばかりでなく、上下に動く場合もあります。

なお、強風などで球が揺れることがあります。元の箇所に留まっている場合は動いたことになりません。

オナー

ティーイングエリアから最初にプレーする権利。最初のホールのスタートではコイントスなど無作為の方法で決めます。次のホール以降は前のホールのグロススコアが少ない順に打順が決まります。

ストロークプレーでは打順を間違えてプレーしても罰はありません。たとえばオナーの権利を得たプレーヤーがトイレに寄るなどして遅れるような場合、前の組に絶対に打ち込まない安全が確保できれば、オナーを待つのではなく、準備ができたプレーヤーからストロークすることができます。

外的影響

◎　プレーヤーとそのキャディを除くすべての人
　⇒たとえば同伴競技者、他の組のプレーヤーとそのキャディ、フォアキャディなど。

◎　生きている動物
　⇒たとえばカラス、ヘビ、犬、猫、イノシシなど。ちなみに死んでいる動物はルースインペディメントです。

◎　すべての自然物、人工物など

⇒たとえば樹木などの自然物、スプリンクラーや売店、排水溝といった人工物、コース内を走っている車（巡回車など）や他の組のカートなど。ただし、風と水は除きます。

止まっているプレーヤーの球が同伴競技者などの外的影響によって動かされた場合、その球は罰なしに、元の箇所にリプレースしなければなりません。

また、動いているプレーヤーの球が偶然、プレーヤー自身やそのキャディ、同伴競技者などの人や外的影響に当たっても罰はなく、その球は止まったところからあるがままにプレーします。

完全な救済のニヤレストポイント

「異常なコース状態（動かせない障害物を含む）」、球の近くにいる毒蛇やハチといった「危険な動物の状態」、「目的外のグリーン」、「プレー禁止区域」から罰なしに救済を受けるときの基点をいい、次の条件を満たさなければなりません。
- ◆ 球の止まっている箇所に最も近く
- ◆ ホールに近づかず
- ◆ 要求されるコースエリア内で
- ◆ 救済を受けようとしている障害がなくなる

1点を完全な救済のニヤレストポイントといいます。

この基点を決めるときには、次のストロークを行なうときに使うであろうクラブを持ってスタンス、プレーの線を特定します。

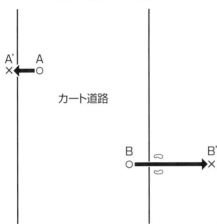

プレーする方向（右打ちの場合）

カート道路

Aに止まった球の
完全な救済の
ニヤレストポントはA'

Bに止まった球は、次で使うクラブを
持って障害物（カート道路）を避けて
アドレスしたときに球があるべき箇
所B'がニヤレストポイントとなる

キャディ

　プレー中にプレーヤーのクラブを持ち運んだり取り扱うほか、ボールを拭き、風を読み、残りの距離を知らせ、パッティングのラインなどのアドバイスをしてプレーヤーを助ける人のこと。プレーヤーにアドバイスできるのは、そのプレーヤーについたキャディだけです。

　複数のプレーヤーについた「共用のキャディ」

の場合は、どのプレーヤーにもアドバイスすることができます。

救済エリア

規則に基づいて救済を受けるときに、球をドロップしなければいけないエリア。各救済規則にしたがって、

① 救済のニヤレストポイントなどの基点を定め
② 基点から１クラブレングスか２クラブレングスの範囲で
③ ホールに近づかず、救済を受けているペナルティーエリアやバンカーの外で、障害がなくなるところ

をいいます。

救済エリアの範囲を決めるとき、プレーヤーは溝や穴または類似の物を越えて計測することができます。また木やフェンス、壁、排水管やスプリンクラーヘッドといった物の上や中を通して測ることができます。

クラブレングス

各ホールのティーイングエリアを決めるときや、救済エリアの範囲を決める１クラブレングスや２クラブレングスを測るときに使用するクラブ。

ラウンド中にプレーヤーが持っている14本以内のクラブのうち、パター以外で最も長いクラブの長さを使用し、通常はドライバーとなります。

コースエリア

コースを構成する5つのエリア。ボールがどのエリアにあるかによって、適用する規則が変わります。

(1) **プレーしているホールのティーイングエリア**

プレーするホールのスタート場所。2つのティーマーカーの外側の先端を結んだ線から後方に2クラブレングスの長方形の区域をいいます。球全体がこの区域外にあると、その球はティーイングエリア外の球です。ボールがティーイングエリア内にあれば、ティーイングエリアの外にスタンスをとっても問題はありません。

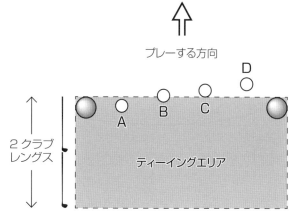

A、B、Cはティーイングエリア内、
Dはティーイングエリア外の球

(2)　すべてのペナルティーエリア

　　プレーヤーの球がその区域に止まった場合、
　1打の罰でその区域の外からプレーできる救済
　が認められる次の区域をいいます。

- ◆　海、湖、池、川、溝、排水路など水があっ
　　ても無くてもコース上のすべての水域（ペ
　　ナルティーエリアと指定されていな場合も
　　含む）
- ◆　委員会がボールを見つけることや打つこと
　　が困難な場所と定めたエリア（たとえばブ
　　ッシュや雑木林、崖など）

　　ペナルティーエリアには黄線または黄杭で示
　される「イエローペナルティーエリア」と赤線
　または赤杭でマークされる「レッドペナルティ
　ーエリア」があり、救済処置の方法が異なりま
　す。

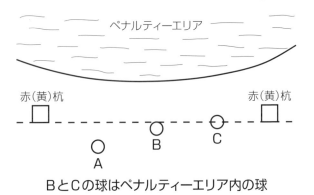

ＢとＣの球はペナルティーエリア内の球

ペナルティーエリアの境界線は地面の上方下方に及び、境界を示す線や杭はペナルティーエリア内です。したがって、杭と杭をコース側で結んだ線あるいは黄線や赤線のコース側の縁にボールが触れているとペナルティーエリア内の球となります。

(3) すべてのバンカー

芝や土を取り去り、代わりに砂を入れて造られた窪み。

バンカーの縁またはバンカー内の中州のような芝草に被われている部分は、バンカーではなくジェネラルエリアです。

(4) プレーしているホールのパッティンググリーン

プレーしているホールで、パッティングのために特別に造られたエリア。現にプレーしていないホールのグリーンや練習グリーンは「目的外のグリーン」といってグリーンではなくジェネラルエリアの一部です。

1ホールに2グリーンある場合、多くのゴルフ場では使用していないグリーンを「目的外のグリーン」として、そのままプレーすることを禁止しているはずです。しかし、プロトーナメントなど一部の競技ではジェネラルエリアとし、あるがままの状態でプレーしなければいけない場合もあります。

CLOSED のサブグリーンは「目的外のグリーン」でプレー禁止となっているケースが多い

(5) ジェネラルエリア

現にプレーしているホールのティーイングエリアとグリーン、コース内のすべてのペナルティーエリアとバンカーを除いたコース内のすべての区域のこと。ゴルフルールにはフェアウェイとラフの区別がなく、ひとまとめにしてジェネラルエリアとして扱います。

誤球

プレーヤーはティーイングエリアでストロークしたインプレーの球でホールアウトしなければなりません。同伴競技者の球や捨てられている球、あるいはプレーヤー自身の球であってもアウトバウンズや紛失球など放棄しなければならない球を

プレーすることを「誤球のプレー」といいます。

　ただし暫定球と、ストロークプレーで規則に基づいてプレーする第2の球は誤球ではありません。

　誤球をプレーしてしまった場合は2罰打を加えて、改めて自分の正しい球をプレーすることによって誤りを訂正しなければなりません。次のホールのティーショットを打つ前（ラウンドの最終ホールの場合はグリーンを離れる前）に訂正のプレーをしないと失格となります。なお、誤球を打った数はカウントしません。

　【実例】 2018年11月「ダンロップフェニックス」初日。14番ホールのティーショットをフェアウェイ左のラフに打ち込んだ松山英樹選手と星野陸也選手。セカンド地点に着くと松山選手が先に打ってバーディチャンスにつける。続いて星野選手もラフからグリーンに乗せたが、グリーン上で球を確認するとお互いに誤球していたことが判明。2人はセカンド地点に戻り、2罰打を加えて星野選手は松山選手が打ったところから、松山選手はそこから5m先のラフからそれぞれ第4打目を打ち、共にダブルボギーとなりました。

誤所

　誤った場所からプレーすること。たとえば、

◆　誤った箇所に球をドロップやプレースした球をプレーすること。または規則がリプレースを求めているのにリプレースせずにプレーす

ること

- ◆ ドロップした球を所定の救済エリアの外から
  プレーすること

- ◆ プレー禁止区域から球をプレーすること。ま
  たはプレー禁止区域がプレーヤーの意図する
  スタンスやスイング区域の障害になるときに
  そのまま球をプレーすること

誤所からプレーした場合は２罰打を加えて、そ
の球でホールアウトしなければなりません。『誤
所はそのままプレー続行、誤球は打ち直し』と覚
えましょう。

ただし、たとえば誤所が本来の場所よりもグリ
ーンにグッと近づくなどプレーヤーにとってかな
り有利な場所からのプレーだったときは「重大な
違反」となります。この場合は次のホールのティ
ーショットを打つ前（ラウンドの最終ホールの場
合はグリーンを離れる前）に２罰打を加えて、正
しい場所から打ち直さなければいけません。この
訂正のプレーをしないと失格となります。

暫定球

プレーヤーの球が、

- ◆ アウトオブバウンズの可能性がある場合
- ◆ ペナルティーエリア以外の場所で紛失のおそ
  れがある場合

に時間節約のために球を探しに行く前に暫定的
にプレーできる別球のこと。

プレーヤーは「暫定球を打ちます！」と宣言しなければなりません。宣言せずに同じ場所から別の球をストロークすると、その球は暫定球ではなく、1罰打を加えたインプレーの球となります。

地面にくい込む

球が落下の勢いで自ら地面に作った穴（ピッチマーク）の中にあり、その球の一部が地表面より下にある状態。

ジェネラルエリアの地面にくい込んだ球は救済が受けられます。球が地面にくい込んでいる箇所の直後を基点として、

◆　ホールに近づかず
◆　ジェネラルエリアで
◆　基点から1クラブレングスの救済エリアに
◆　罰なしにドロップ
　　できます。

修理地

悪天候でコースの一部が不良になっている、あるいは芝や樹木の養生中の場所など委員会が指定した区域で、通常、青杭や白線で表示します。あるいは表示がなくても杭を抜いた穴など管理スタッフが作った穴も含まれます。

杭で定める場合、その杭は修理地内で、杭と杭を結んだ外側（修理地の反対側）の線が境界となります。

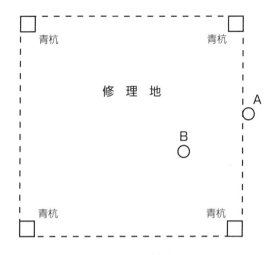

A、Bともに修理地内の球

　線の場合は、線自体が修理地となるので、球の一部でも線に触れていれば修理地内のボールとなり救済が受けられます。

　区域内のすべての地面と草やかん木、樹木、その他の成長物または付着している自然物はすべて修理地の一部です。したがって、修理地内に生えている木の枝が修理地の外側まで伸び、その枝に球がひっかかった場合、その球は修理地内のボールとなり救済を受けることができます。

障害物

　すべての人工物でプレーを遅らせることなく容易に動かすことができる「動かせる障害物」とそ

れ以外の「動かせない障害物」があります。

◆ 「動かせる障害物」⇒プレーヤーの用具、旗竿、レーキなどのほか、ペナルティーエリアを表す黄杭や赤杭、修理地を示す青杭。人工の氷も障害物です。

◆ 「動かせない障害物」⇒カート道などの舗装された道路、避難小屋、スプリンクラーヘッド、排水溝、ゴミ箱、ベンチ、防球ネット、支柱など

ゴルフカートや管理車両、芝刈り機などは直ちに動かせれば「動かせる障害物」、たやすく動かせなければ「動かせない障害物」となります。

またアウトオブバウンズの境界を表示する白杭やフェンス、アウトオブバウンズ内にある動かせない人工の物は障害物ではありません。

╭─────────────────────────╮
│   **ストローク**   │
╰─────────────────────────╯

球を打つ意思を持って、クラブを前方に振った（動かした）動作をいいます。

ボールを打とうとしたが当たらなかった空振りはストロークですが、打つ前の練習スイング（素振り）はストロークではありません。またクラブヘッドがボールに届く前に自分の意思でダウンスイングを止めたとき、または止めることができずに意図的に空振りすることによって打つことを避けた場合もストロークとはなりません。

ストロークと距離

　プレーヤーがその球を最後に打った前位置に戻って、1罰打を加えてプレーをやり直す救済方法。プレーヤーが1罰打を受ける「ストロークの罰」と打った距離を失う「距離の罰」という意味です。

　打ったボールが「アウトオブバウンズ」や「紛失球」になったときの救済方法のほか、「ペナルティーエリアに入った球」、「アンプレヤブルの球」のときにとる救済処置のひとつです。

ドロップ

　救済の規則にしたがって球をインプレーにする意図を持ってボールを手放す行為。

　その方法は
◆　プレーヤー自身が
◆　膝の高さからプレーヤーや用具に触れないように
◆　特定された救済エリア内

　にドロップしなければなりません。この3つの条件を満たさなかった場合は再ドロップとなり、その回数に制限はありません。

　ドロップした球が救済エリアの中に止まらない場合には、プレーヤーは正しい方法で2回目のドロップを行ないます。それでも救済エリアの外に出てしまう場合には、2回目のドロップでその球が最初に地面に触れた箇所にプレースします。

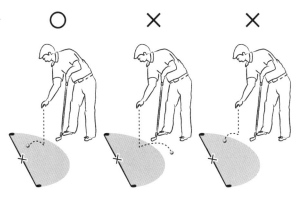

○	×	×
救済エリア内に ドロップして、 救済エリア内に 止まる	救済エリアに 止まらない	救済エリア外に ドロップ

2019年日本ゴルフ協会発行「ゴルフ規則」より

　間違った方法でドロップしてもストロークする前に訂正すれば罰はありません。

　訂正せずにプレーした場合、救済エリアに止まった球をプレーした場合はドロップの方法を間違えた１罰打、救済エリアの外に止まった球、またはドロップしなければならないのにプレースした球をプレーした場合は「誤所からのプレー」で２罰打となります。

　【実例】2019年２月「WGCメキシコ選手権」２日目。リッキー・ファウラー選手は10番ホールの２打目をOBして４打目を打ち直す際に肩の高さからドロップしてそのままプレーを続け、１罰打を受けました。キャディの「ドロップは膝の高さ」とのアドバイスがあれば避けられました。

旗竿

グリーン上のホール（穴）の位置を示すために、ホールの中心に立てられた標識で、通常、「ピン」と呼ばれています。

旗の有無などは規定がありませんが、旗竿の断面は円形でなければなりません。

旗に規定はありません。米国の名門メリオンGCの旗竿の先端はカゴ。この形が婦人が被る帽子を止めるピンに似ていることから「ピン」と呼ばれるようになったといわれています

プレーの線

プレーヤーがストロークした球にとらせたい方向で、その線には地面の上方と、その線の両側に合理的な若干の幅を持たせた仮想（イメージ）の線をいいます。

紛失

次の場合、初めの球は紛失球（ロストボール）となります。

(1) プレーヤーまたはそのキャディが球を捜し始めてから3分以内に見つけることができないとき。あるいは3分の捜索時間内にボールが

見つかっても、プレーヤーの球と確認できない場合。この場合、3分の捜索時間が終わった後でも確認するための多少の時間は認められます。

(2) プレーヤーが「ストロークと距離」の罰のもとに別の球をインプレーにしたとき。

【例】 2打目をブッシュに打ち込み、1分間捜したがボールが見つかりません。プレーヤーは諦めて2打地点に戻って別の球をドロップ。その直後、初めの球が見つかりました。捜索時間はまだ3分以内でしたが、発見された球は紛失球でプレーできません。

(3) 初めの球があると思われる場所か、それよりもホールに近い地点から暫定球をストロークしたとき。

(4) 球が外的影響によって動かされていたり、障害物の中、異常なグラウンド状態、ペナルティーエリア内にあることが分かっているかほぼ確実な場合に、規則に基づいて別の球をインプレーにしたとき。

【例】 間違いなく修理地に入った球を捜したが見つからないので、規則にしたがって救済エリアにドロップ。その後、初めの球が修理地の先で発見されても、発見された球は紛失球でプレーできません。

(5) 取り替えられた球をストロークしたとき。

ホールに入る

　プレーしているグリーン上に開けられたホール（穴）は直径4.25インチ（108mm）、深さは少なくとも４インチ（101.6mm）なければなりません。

　打った球がこのホールの中に止まり、球全体がグリーン面よりも下にあるとき、その球は「ホールに入った」ことになります。

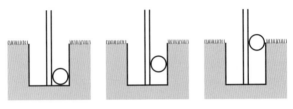

ホールに入った球

　また球が旗竿に寄りかかって止まったときは、球の一部がグリーン面よりも下にあれば「ホールに入った」ことになります。そうでないときは、その球はホールに入っていません。旗竿を取り除いたときに球が動いても罰はなく、その球はホールのへりにリプレースして次のストロークをします。

目的外のグリーン

　プレーヤーがプレーしているホールのグリーン以外のコース上のすべてのグリーンで次のものを含みます。

- すべての他のホール（そのときにプレーヤーがプレーしていない）のパッティンググリーン
- 臨時のグリーンが使用されているホールの通常のパッティンググリーン
- パッティング、チッピング、ピッチングのためのすべての練習グリーン

　目的外のグリーンはジェネラルエリアの一部です。

リプレース

　球をインプレーにする意図を持って、球を接地させて手放すことによって置くこと。リプレースした球は、その箇所をマークしているボールマーカーを取り除いていなかったとしても、インプレーとなります。

　規則が球のリプレースを要求するときは、必ずその規則は球をリプレースしなければならない箇所を特定します。

ルースインペディメント

　自然物で、落ちている石や葉、枝、ディボット（切り取られた芝）、動物の死骸や糞、ミミズ、昆虫などの簡単に取り除ける動物、その動物が作った盛り土や放出物（たとえばミミズの放出物や蟻塚）、クモの巣さらにエアレーションプラグ（芝の生育を助長するために土に空気を注入する作業

でできた棒状の土の塊）などをいいます。

　プレーヤーはコース上やコース外のどこででも、罰なしに、ルースインペディメントを取り除くことができます。

　ただし、地面に固くくい込んでいるもの、地面に固定しているものや生えているもの、また球に付着しているものはルースインペディメントではありませんが、クモの巣は他の物に付着していたとしてもルースインペディメントです。

　砂とバラバラの土はグリーン上に限ってルースインペディメントですが、その他の場所ではルースインペディメントではありません。また、露や霜、水はルースインペディメントではありません。雪と自然の氷（霜以外）はプレーヤーの選択によって、ルースインペディメントか一時的な水となります。

第3章

キャディができる行動、できない行動

　ラウンド中、プレーヤーが使用できるキャディさんは1人だけで、複数のキャディさんを使うことはできませんが、複数のプレーヤーが1人のキャディさんを使うことはできます。これを「共用のキャディ」といいます。

　キャディさんが反則を犯したときは、そのプレーヤーが罰を受けます。では4人のプレーヤーの共用のキャディさんの場合にはどうでしょう。

　たとえば、Aさんの指示によって行動しているときに反則があった場合にはAさんが罰を受けます。また特定のプレーヤーの指示がなくても、たとえば、ラフに入ったBさんのボールを捜して、Bさんの許可なしに勝手に球を拾い上げて確認した場合には、その球の持ち主であるBさんがルール違反となり罰を受けます。

　以下に「キャディができることと、できないこと」をまとめました。しっかり覚えましょう。

1. いつでも認められる行動

(1) プレーヤーのクラブや用具を持って行く、運ぶ、カート（乗用、手引き）を扱うこと
(2) プレーヤーの球を捜索すること
(3) ストローク前に情報、アドバイス、その他の援助を与えること
(4) バンカーをならす、ディボットをディボット跡に戻すこと
(5) グリーン上の砂やバラバラの土を取り除くこと、ボールマーク、スパイクマーク、古いホールの埋め跡などの損傷を修理すること
(6) 旗竿を取り除くこと、付き添うこと
(7) グリーン上にある球をプレーヤーの許可なしにマークして拾い上げ、拭いてリプレースすること
(8) ルースインペディメントや動かせる障害物を取り除くこと

2. プレーヤーの承認がある場合にのみ認められる行動

(1) プレーヤーの球が止まった後にライやプレーの線が悪化した場合に元の状態に復元すること
【例】 同伴競技者のバンカーショットによって、バンカーのアゴに止まっていたプレーヤーの球に砂が飛び散った。キャディはプレーヤーの承認を

得た上で、その球をマークして拾い上げて拭くことができます。

(2) プレーヤーの球がグリーン以外の場所にあるとき、プレーヤーが規則に基づいて救済を受けることを決めた後にその球を拾い上げること

3. 認められない行動

(1) 相手の次のストロークやマッチを、コンシード（OK）すること

(2) プレーヤーがストロークのためのスタンスを取り始めたとき、プレーの線の後方延長線上やその近くに立つこと

　このままプレーヤーがストロークすると2罰打を受けます。ただし、プレーヤーが一旦スタンス

プレーヤーがスタンスを取り始めたときにキャディがプレーの線の後方延長線上やその近くに立っていると2罰打

を解いて、キャディがその位置を離れるまでスタンスを取らず、アドレスし直せば罰はありません。

(3) キャディが拾い上げていない球をリプレースすること

リプレースできる人は、

◆ プレーヤー本人

◆ その球を拾い上げた人、動かした人

に限られます。したがって、キャディが球を拾い上げていた、あるいは動かしていた場合に限りリプレースできます。

認められていない人がリプレースした球をプレーすると、プレーヤーは1罰打を受けます。

(4) 救済エリアに球をドロップする、またはプレースすること

キャディがドロップまたはプレースした球を救済エリアからプレーすると、プレーヤーは1罰打を受けます。

(5) 規則に基づいて救済を受けることを決めるのはプレーヤー自身です

たとえば、木の根元に止まった球をアンプレヤブルにするとキャディが勝手に思い込んで球を拾い上げてはいけません。プレーヤーは左打ちをするかも知れないからです。

こんなとき、キャディはプレーヤーに「無理せず、アンプレヤブルにしましょう」とアドバイスすることはできますが、そうするかどうかはプレーヤー自身が決めることです。

第4章

これだけは覚えよう！
ゴルフ規則の基礎

　難しいといわれるゴルフ規則ですが、たったひとつの『大原則』さえ守れば、楽しくプレーできること請け合いです。それは〝球はあるがままにプレーする〞ことです。

　決められたスタート地点（ティーイングエリア）から打ち出したら、ホールインするまでボールには触らないこと。しかしOBや木に引っかかった、池に入ったなどで打てない状況に出くわすのが現実です。そんな時に途切れてしまうストロークを、罰打を払うことによってつないでくれるのがルールなのです。

　第4章では最低限知っておかなければならない9つの状況について解説します。

1. クラブに関する規則

(1) 持ち運びできるクラブの本数は14本まで

　スタートする前にプレーヤーに挨拶を済ませたなら、まずクラブの本数を確認します。1ラウンドで持ち運べるクラブは14本までと制限されているからです。クラブの組み合わせに制限はありません。合計14本以内なら、ドライバーが2本入っていても構いません。

　もし、バッグの中に14本以上入っていたときは必ずプレーヤーに知らせましょう。14本以上のクラブを持ってスタートすると、1ホールにつき2罰打（1ラウンドで最大4罰打）が付くからです。プレーヤーはマーカーか同伴競技者に除外するクラブをすぐに知らせるか、そのクラブをバッグの中に逆さまに入れたり、カートの床に置くなどして除外するクラブを明確に示さなければいけません。

【実例】 2019年8月「CAT Ladies 2019」初日。10番ホールからスタートした篠原まりあ選手は、11番ティーイングエリアでキャディバッグにクラブが15本入っていることに気づきました。このとき除外するクラブをマーカーか同伴競技者に告げるか、あるいは明確な行動を取っていれば2罰打で済むところでしたが、その処置を怠ったためにハーフターンで失格となりました。スタート前にキャディがクラブチェックをしっかりしておけば、

もしくは11番のティーイングエリアで「マーカーに報告して、１本不使用宣言しましょう」とプレーヤーにアドバイスしていたら失格は免れていました。

⑵　他人のクラブを使うと２罰打

　他のプレーヤーとクラブを共有することはできません。使用できるのはスタート時に持っていたクラブ、あるいは14本未満でスタートして途中で補充したクラブに限られます。

　他のプレーヤーのクラブを使用すると、違反があったホールに２罰打（１ラウンドで最大４罰打まで）を追加します。

!! プレーヤーＡさんとＢさんのドライバーが同じという例も珍しくありません。最近ではアプローチ・ウェッジでそういったケースが多いようです。誤ってＡさんのドライバーをＢさんに渡してストロークしてしまうと、Ｂさんは２罰打を受けます。

こんなときはプレーヤーに承諾を得て、たとえばネックの裏側など目立たない箇所に小さなシールを貼らせてもらって見分けがつくようにします。

(3) ラウンド中にプレーヤーがクラブを壊した場合

　　プレーヤーが14本のクラブを持ってスタート
した後、ラウンド中にクラブを損傷もしくは紛
失してもほかのクラブに取り替えることはでき
ません。罰なしに、その損傷したクラブを引き
続き使用するか、不当にプレーを遅らせなけれ
ば修理することができます。

(4) ラウンド中に他人にクラブを壊された場合

　　たとえば同伴競技者にクラブを踏まれた、他
の組のカートに轢かれたなどでクラブが損傷し
た場合、罰なしにそのまま使用するか、プレー
を不当に遅らせないで修理するか、あるいは他
のあらゆるクラブと取り替えることができます。
この場合、損傷したクラブは除外しなければい
けません。

(5) ラウンド中にクラブの性能を変える

　　たとえばクラブヘッドに鉛テープを貼ったり、
調整可能な機能を使ってライ角を変えた場合、
元の状態に戻せば罰はありませんが、性能を変
えたクラブでストロークすると失格になります。

2. ティーイングエリアの特別規則

(1) ティーイングエリアの外の球をプレーする

　　プレーヤーはそのホールをスタートするにあ

ティーイングエリア外の球をプレーすると2罰打で第3打目を打ち直さなければいけません。プレーヤーがティーイングエリアの区域外にティーアップしたときは〝出べそ〟ですよとアドバイスしましょう

たり、ティーイングエリア内の球をプレーしなければいけません。

　ティーイングエリアの外にある球をプレーした場合は2罰打を加えて、改めてティーイングエリア内から第3打目を打ち直します。訂正のプレーをしないでそのホールを終え、次のホールのティーショットをプレーする（最終ホールではスコアカードを提出する）と失格となります。

　なお、ティーイングエリアの外から打ったストローク数はカウントしません。そのショットがOBであったとしても打ち直しは第3打目です。

(2)　ティーマーカーは動かせない

　ティーイングエリア内からプレーするとき、ティーイングエリアを決めるために設置された

ティーマーカーは動かせません。スタンスの邪魔になるからといってティーマーカーをどかしてプレーすると2罰打です。

(3) **ティーマーカーが動かせる障害物となるケース**
　　ティーショットをチョロしてティーイングエリアの外に止まった球を打つとき、ティーマーカーがスタンスやストロークの邪魔になる場合には動かせます。

(4) **ティーアップした球が落ちた**
　① **インプレー前**
　　素振りやワッグルでティーアップした球を落としても、その球はインプレーではないので罰はありません。落ちた球を拾い上げてティーアップし直せます。このときティーアップする場所はティーイングエリア内ならどこにでも移すことができます。
　② **インプレー後**
　　ティーショットを空振りして、ティーから落ちた球がティーイングエリア内に止まったとき、プレーヤーは罰なしにその球を拾い上げ、再ティーアップして第2打目を打つことができます。
　　空振りした球がティーから落ちなくても、ティーイングエリア内の別の場所に再ティーアップすることができます。

3. バンカーの特別規則

(1) 禁止行為

バンカー内の球をプレーするとき、手やクラブ、レーキなどでバンカーの砂に触れると2罰打です。砂の状態をテストしたとみなされるからです。

ボールがバンカー内にあるときはクラブや手で砂に触れると2罰打

練習スイングで砂を打つことはもちろん、アドレスしたときにクラブをソールしたり、バックスイングでクラブヘッドが砂に触れても違反となります。

(2) 砂に触れても罰を受けないケース

① バンカー内の小石や落ち葉といったルースインペディメントを取り除くとき、あるいはバンカーレーキなどの動かせる障害物を取り除くとき

② クラブや用具をバンカー内に置くとき

③ 規則に基づいて球を拾い上げる、マークする、リプレースする、計測するとき

(3) バンカー脱出後は禁止行為が解除

　　バンカーショットをして、球がバンカーの外に出た場合には禁止行為が解除されます。バンカー脱出後に砂を打ってスイングをチェックしても罰はありません。

　　またバンカーから打った球がOBとなった場合でも、プレーヤーは打った跡やスタンスの跡の砂をきれいにならした上で「ストロークと距離」の処置をとります。

4. グリーンの特別規則

(1) グリーン上の球とは

　　球の一部がグリーンに触れていれば、グリーン上の球です。球がパッティンググリーンとグリーン周りのカラー（ジェネラルエリア）の両方にある場合にもグリーン上の球となります。

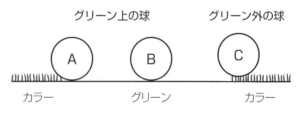

(2) マークして拾い上げ、拭くことができる。
　　拾い上げた球はリプレース

　　グリーン上の球はマークして拾い上げ、拭くことができます。拾い上げた球はリプレースし

なければいけません。

　【実例】 2019年「RIZAP KBCオーガスタ」最終日18番ホール。石川遼選手は約60cmのバーディパットを残し、同伴競技者のライン上にかかるためボールマーカーの位置を横にずらしました。石川選手は自分の番になったときボールマーカーを正しい箇所に戻し忘れ、リプレースせずに「誤所」からパットしてホールアウト。スコア提出所で競技委員から指摘され、2罰打を加えて「バーディ」を「ボギー」に修正してスコア誤記による失格を免れました。キャディの「マークを戻していませんよ」とのひと言があれば良かったケースです。

(3)　**罰を受けない改善**

　①　砂とバラバラの土を取り除くこと

　②　ボールマーク、スパイクマーク、用具や旗竿による擦り傷といった損傷の修復

　③　古いホールの埋め跡、芝の張り替え跡、張芝の継ぎ目、車両による擦り傷といった損傷の修復

　④　動物の足跡の修復

　⑤　小石やドングリなどグリーンにくい込んでいる物はグリーンフォーク、ティーやクラブあるいは手や足で修復すること

　これらはキャディさんにも認められている行動です。グリーンに球が乗ったら積極的に手際よく

ボールマークの直し方

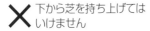 下から芝を持ち上げてはいけません

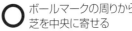 ボールマークの周りから芝を中央に寄せる

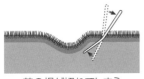

芝の根が切れてしまう

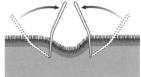

芝の根を切らないように
芝を寄せ、盛り上がった芝を
パターで平らにする

球をマークして拾い上げ、グリーン上の損傷を修復しましょう。

5. 旗竿に関する規則

　球がグリーン上にある、なしにかかわらず、プレーヤーはストローク前に、
(1)　旗竿を立てたままプレーする
(2)　旗竿に人を付き添わせる
(3)　旗竿をホールから取り除く
いずれかの手段を選ぶことができます。

(1)　旗竿を立てたままプレーする
　　①　球が当たっても罰はない
　　　ホールに立てたままの旗竿に球が当たっても罰はありません。ホールに入ればホールイン、旗竿に当たってはじかれた場合は球が止

ホールに立てたままの旗竿にボールを当てても罰はありません

まったところからプレーを続けます。

② 球が動いている間に旗竿を取り除くと、取り除いた人に2罰打

旗竿に人が付き添っていない場合、球が動いている間に旗竿を抜くと、旗竿を取り除いた人に2罰打が付きます。共用のキャディが旗竿を取り除いた場合は、パッティングしたプレーヤーに2罰打が付きます。

ただし、たとえばラインが違って旗竿には当たらない、ホール（穴）まで届かないと誰もが判断できるような場合は、旗竿を取り除いても罰はありません。

(2) 人が付き添った旗竿に球が当たった場合

　　動いている球が偶然、旗竿や旗竿に付き添っている人またはその人の持ち物に当たっても罰はなく、その球は止まったところからあるがままにプレーします。

　　ただし、付き添っている人が故意に球を止めた場合は処置が異なります。たとえばロングパットを打った球が強く、「このままではグリーンを飛び出してしまう」と旗竿に付き添っている人が故意に球を止めたり方向を変えたような場合は、止めた人に2罰打が付きます。

　　止められた球はそのストロークを取り消し、元の箇所にリプレースしてもう一度パッティングをやり直します。

(3) 旗竿をホールから取り除いてプレーする

　　プレーする前に旗竿を抜いてグリーン上（あるいはグリーンカラー）に置いてプレーしたとき、ストロークした球が旗竿に当たりそうになって、あわてて旗竿を取り除いても罰はありません。偶然、球が旗竿に当たっても罰はありません。

　　取り除かれた旗竿のほかに、グリーン上に止まっている球や他のプレーヤーのクラブといった用具も拾い上げたり、取り除くことができます。

ただし、グリーン以外の場所に止まってい
る球やボールマーカーは動かせません。取り
除くと2罰打です。

(4) **ホールに立っている旗竿に寄りかかった球**
　　球がホールに立てられたままの旗竿に寄り
かかった状態で止まった場合、

◆　ホールイン⇒球の一部がグリーン面より
下にある状態

◆　ホールインでない場合⇒旗竿を揺らして
球をホールの中に落としてもホールイン
とはなりません。旗竿を取り除いてホー
ルのヘリに球をリプレースしなければな
りません。

!! 旗竿を立てたままホールインした球を拾
い上げるとき、カップの縁を傷つけないよう
にしなければいけません。球のある側のピン
に手の平を添わせながら差し込み、人差し指
と中指で球を挟んで引き上げるとカップの縁
に触らずに球を取り出すことができます。

(5) ホールにせり出している球は「10秒ルール」

　　球の一部がホールにせり出している場合、プレーヤーはホールに歩み寄る時間に加えて、10秒間待つことができます。

◆　10秒以内にホールインの場合⇒直前のストロークでホールアウト

◆　10秒超過の場合⇒球は止まったものとして扱われます。10秒を過ぎてからホールに入った場合、ホールインは認められますが1罰打を受けます。

6. 止まっている球を動かす、動かされる

(1) プレーヤーまたはそのキャディが動かす

　　プレーヤーが止まっている自分の球を勝手に拾い上げたり、動かしてしまった場合は1罰打で、その球はリプレースしなければいけません。

　　ただし、次の4つの場合には罰はありません。

① 球の捜索中

　　プレーヤーまたはそのキャディ、同伴競技者など誰が動かしても罰はありません。動いた球はリプレースします。

② 救済の規則に基づいて処置しているとき

　　たとえば、球の横にある動かせる障害物を取り除くときに誤って球を動かしても罰はなく、球は元の位置にリプレースします。

球が寄り添っている障害物を取り除くときに球が動いても罰はなくリプレースします

③　グリーン上の球を偶然動かしたとき

　　拾い上げた球をリプレースしたあと、ボールマーカーを取り除くときに指が球に当たって動かしても罰はなく、動いた球は元の位置にリプレースします。

④　規則に基づいて球を拾い上げたり、
　　動かすことが認められているとき

　　修理地、動かせない障害物など異常なコース状態から救済を受けるとき、規則に従って球を拾い上げ、救済エリアにドロップします。

(2)　自然が球を動かす

　　風や水といった自然の力が球を動かしても罰はなく、球は止まったところからあるがままにプレーします。

　　ただし、パッティンググリー上で拾い上げた球をリプレースした後に動いた場合は、元の位置にリプレースしなければいけません。

【実例】2019年2月「ウェイストマネジメント

フェニックスオープン」最終日11番ホール（パー
4）。リッキー・ファウラー選手の第3打目はオ
ーバーしてグリーン奥の池へ。1罰打を加えてド
ロップし、第5打目の前にボールの位置から離れ
てグリーン、ピンの位置を確認している間に球が
自然に動きだして斜面を転がって再び池ポチャ。
更に1罰打を加えたあと寄せワンのトリプルボギ
ーでホールアウトしました。

(3)　外的影響が動かす

　　同伴競技者やカートが誤ってプレーヤーの
球を動かしても罰はなく、その球は元の位置
にリプレースします。

　　同様にカラスが球を持ち去った場合にも罰
はなく、元の位置に別の球をリプレース。元
の位置が不明な場合は推定してリプレースし
ます。

　　ただし、この場合はカラスが球を持ち去っ
たのを目撃するなど確かな証拠が必要です。
確証がなく、球を捜し始めてから3分が経過
して球を発見できなければ紛失球となります。

(4)　ルースインペディメントを取り除くときに動かす

　　グリーン、ティーイングエリア以外の場所
で、ルースインペディメントを取り除くとき
に球を動かすと1罰打です。動いた球は元の
位置にリプレースします。

落ち葉を取り除くときに球を動かすと1罰打

7. 動いている球が方向を変えられる、止められる

(1) 動いている球が人や外的影響に当たる

　　動いている球が偶然、プレーヤー自身やそのキャディ、同伴競技者など他のプレーヤーや用具、共用のカート、動物などに当たっても罰はなく、球は止まったところからあるがままにプレーを続けます。当てられた球は元の位置にリプレースします。

(2) グリーン上で打った球が、グリーン上に止まっている他の球に当たった

　　両球ともグリーン上にあった場合、球を当てたプレーヤーは2罰打で、球は止まったところからプレーしなければなりません。当てられた球は元の位置にリプレースします。

(3) グリーン上で打った球が、偶然、グリーン上
の人や動物、動いている他の球に当たった

　　　罰はなく、そのストロークを取り消して、
元の箇所にリプレースして再プレーします。

(4) 動いている球を故意に止めたり方向を変えた

　　　プレーヤー自身や他の人が動いている球を
故意に止めたり方向を変えたりすると、その
人は2罰打を受けます。

　① グリーン以外の場所から打った場合

　　　その球が故意に止められたり方向を変えら
れたりしなければ、どこに止まったかを推定。

◆基点…推定した箇所
◆救済のエリア…基点から1クラブレングス
◆範囲…基点よりもホールに近づかない、基
　　　　点と同じコースエリア

　　　にドロップ。推定した箇所がグリーン上の
場合はプレースします。

　② グリーン上から打った場合

　　　そのストロークを取り消して、元の箇所に
リプレースして再プレーします。

8. 罰なしの救済

(1) ルースインペディメントの取り除き

　　　コース上やアウトオブバウンズにある落ち
葉や小石といったルースインペディメントは、

罰なしに、取り除くことができます。

【例外】グリーン以外の場所で拾い上げた球をリプレースするとき、その場所にあるルースインペディメントは取り除けません。リプレースとは、〝元のライ〟に戻すことだからです。これに違反すると1罰打です。

ただしリプレースではなく、ドロップまたはプレースする場合には、その箇所にあるルースインペディメントを取り除くことができます。

(2)　動かせる障害物からの救済

バンカーレーキなどの動かせる障害物がコース上やアウトオブバウンズにあってプレーの妨げとなる場合、プレーヤーは罰なしに、取り除くことができます。

球が動かせる障害物の上に止まったときは、罰なしにその球を拾い上げ、障害物を取り除き、球が止まっていた箇所の真下にドロップします

プレーヤーが動かせる障害物を取り除いたときに球が動いても罰はなく、その球は元の位置にリプレースします。

球が動かせる障害物の中や上に止まった時は、プレーヤーは罰なしに球を拾い上げ、その動かせる障害物を取り除き、

◆基点…球が止まっていた場所の真下と推定
　　　　される場所
◆救済のエリア…基点から１クラブレングス
◆範囲…基点よりもホールに近づかない、基
　　　　点と同じコースエリア
　　　に元の球か別の球をドロップ（グリーン
上の場合はプレース）します。

(3) **動かせない障害物、修理地などの異常なコース状態からの救済**

　　球がペナルティーエリア外の場所で動かせ
ない障害物や修理地といった異常なコース状
態の中や上に止まったり、それに触れている
場合、あるいはその障害物がプレーヤーのス
タンスや意図するスイングの区域を妨げてい
るとき、異常なコース状態による障害が生じ
たことになり、罰なしに救済を受けることが
できます。

① 　ジェネラルエリアでの救済方法
◆基点…完全な救済のニヤレストポイント
◆救済のエリア…基点から１クラブレングス
◆範囲…基点よりもホールに近づかないジェ
　　　　ネラルエリア
　　　に元の球か別球をドロップ。球はそのエ
リア内に止まらなければなりません。
② 　バンカー内での救済方法

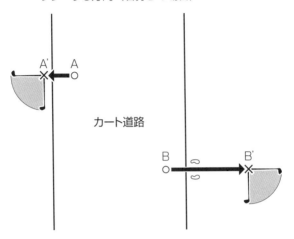

プレーする方向（右打ちの場合）

A'　A

カート道路

B　B'

×：完全な救済のニヤレストポイント

◆基点…バンカー内の完全な救済のニヤレス
　　　　トポイント
◆救済のエリア…基点から１クラブレングス
◆範囲…バンカー内の救済エリア
　　に元の球か別球をドロップ。球はそのエ
リア内に止まらなければなりません。
　　時にはバンカー内に完全な救済のニヤレス
トポイントが見つからない場合があります。
たとえば、一時的な水溜まりでバンカーが水
浸しの場合です。こんなときは〝最大限の救
済〟といって、同じバンカーの中でホールに

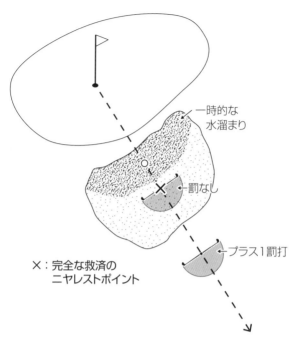

一時的な
水溜まり

罰なし

×：完全な救済の
　　ニヤレストポイント

プラス1罰打

近づかない場所で水溜まりが最も浅いところ
で、球が止まっている箇所から最も近い地点
にドロップします。

【バンカーの外からプレー】

　1打の罰を加えて、バンカーの外に元の球か別
球をドロップすることもできます。

　◆基点…バンカーの外で、ホールと球が止まっ
　　　　　ていた箇所とを結んだ後方線上（後方
　　　　　線上であれば距離に制限はなく、基点
　　　　　はティーなどでその箇所を示す）

　◆救済のエリア…基点から1クラブレングス

◆範囲…基点よりホールに近づかない救済エリア
　　にドロップします。

③　グリーン上での救済

　　プレーヤーの球がグリーン上にある場合に
は、パットの線に一時的な水溜まりなどの異
常なコース状態が介在しても障害が生じたこ
とになります。

　　プレーヤーは罰なしに球を拾い上げ、グリ
ーン上かジェネラルエリアのいずれかに完全
な救済のニヤレストポイントを決めて元の球
か別球をプレースできます。

　　完全な救済のニヤレストポイントがないと
きは、プレーヤーは最大限の救済が受けられ
ます。

(4)　**異常なコース状態のある場所で球を紛失【図1】**

　　異常なコース状態に飛んで行った球が見つ
からない、あるいはその中や上に止まってい
ることが確実な場合は、

◆基点…球が異常なコース状態の縁を最後に
　　　　横切ったと思われる地点
◆救済のエリア…基点から１クラブレングス
◆範囲…基点よりもホールに近づかない救済
　　　　エリア
　　にドロップします。

　　なお、プレーヤーがこの方法で別の球をド
ロップしてインプレーにした後で、元の球が

【図1】異常なコース状態で球を紛失

プレーする方向（右打ちの場合）

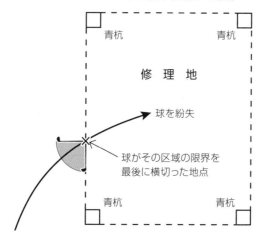

青杭　　　　　　青杭

修 理 地

球を紛失

球がその区域の限界を
最後に横切った地点

青杭　　　　　　青杭

発見されてもプレーできません。プレーする
と誤球で2罰打を受けます。

(5) **地面にくい込んでいる球**

　　ジェネラルエリアで、プレーヤーの打った
球が落下の勢いで自ら地面に作った穴（ピッ
チマーク）にくい込んでいるとき、プレーヤ
ーは罰なしに球を拾い上げ、

◆基点…球がくい込んでいる場所の直後
◆救済のエリア…基点から1クラブレングス
◆範囲…基点よりもホールに近づかないジェ
　　　　ネラルエリア

に元の球か別球をドロップすることができます。

(6) **目的外グリーンからの救済**

プレーヤーの球の一部が目的外グリーンに触れている、あるいは意図するスタンスやスイング区域にかかる場合、プレーヤーは救済を受けなければなりません。

スタンスがサブグリーン（目的外グリーン）にかかる場合にも罰なしに球を拾い上げ、ドロップしなければいけません

◆基点…元の球が止まっていたのと同じコースエリアで完全な救済のニヤレストポイント
◆救済のエリア…基点から1クラブレングス
◆範囲…基点よりもホールに近づかない同じコースエリア

に罰なしでドロップしなければなりません。

9. 罰を受ける救済

(1) **紛失またはアウトオブバウンズの球**

ペナルティーエリアの外で球を紛失、また

はアウトオブバウンズであった場合には、プレーヤーは1打の罰を加えて、その球を最後にストロークしたところからプレーする「ストロークと距離」の救済処置をとらなければなりません。

　最後にプレーした箇所がティーイングエリアの場合は、ティーイングエリアの区域内からティーアップできます。ジェネラルエリアまたはバンカーの場合は、ボールをドロップして再プレーします。

【紛失球、OBのローカルルール〝前進4打〟】【図2】

　ゴルフルールは大別するとゼネラルルールとローカルルールの二つに分けられます。

　ゼネラルルールは英国のロイヤル・アンド・エンシェント・ゴルフクラブ・オブ・セント・アンドリュース（R&A）と米国ゴルフ協会（USGA）の両団体が協議して制定し、世界共通の規則です。本書で解説する規則もゼネラルルールです。

　一方、ローカルルールとはゼネラルルールではカバーできない規則を各ゴルフ場がそれぞれの立地などに合わせて独自に制定する規則のことです。

　2019年のルール改正では、紛失またはアウトオブバウンズの球について、「距離とストローク」の救済に代わる〝前進4打〟のローカルルールが認められました。

　球がOBや紛失した場合、1罰打を加えて前位置に戻るのではなく、

【図2】 〝前進4打〟のローカルルール

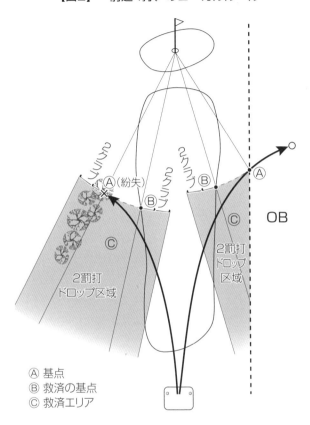

Ⓐ 基点
Ⓑ 救済の基点
Ⓒ 救済エリア

Ⓐ　基点…球がOBの境界を横切ったと思われる
　　　地点または紛失したと思われる地点
Ⓑ　救済の基点…Ⓐの基点とホールから等距離の
　　　最も近いフェアウェイの端
Ⓒ　救済のエリア…ⒶおよびⒷの基点とホールを

65

　　　　　　　　　　　結んだ線を想定し、その外側
　　　　　　　　　　　に２クラブレングスの幅を持
　　　　　　　　　　　たせた範囲
に２罰打を加えてドロップします。

　このローカルルールを皆さんのゴルフ場が採用
しているか否か。採用していても倶楽部選手権な
ど公式競技会では使用しないケースが多いようで
す。支配人やキャディマスターに確認しましょう。

(2)　**暫定球**

　　　球がペナルティーエリアの外で紛失、また
　　はアウトオブバウンズのおそれがある場合に
　　は、元の位置に戻って打ち直す時間を節約す
　　るために、プレーヤーはその球をプレーした
　　場所から続けて別の球をプレーすることがで
　　きます。これを暫定球のプレーといい、プレ
　　ーのスピードアップには欠かせないルールで
　　す。

　　　暫定球をプレーするとき、プレーヤーは
　　「暫定球をプレーします」とハッキリ宣言し
　　ないと、その球は「ストロークと距離」の救
　　済処置のもとに１打の罰を加えたインプレー
　　の球となってしまうので注意しましょう。

　　「もう１球打っておきます」は認められませ
　　ん。暫定球(プロビジョナルボール)という言
　　葉をハッキリと宣言することがポイントです。

【**実例**】1987年５月「日本プロゴルフマッチプ

レー選手権」決勝。18番ホールでティーショット
を右の林に打ち込んだ尾崎将司選手は、フォアキャ
ディがOBを示す赤旗を振ったのを見て、何も
言わずに続けて別の球をプレー。2発目は更に奥
のOBへ打ち込んでしまい、この時点でギブアッ
プしました。ところが、初めの球がぎりぎりセー
フだったことが判明。「ギブアップしたけれど、
フォアキャディのミスジャッジだったのだから、
初めの球は生きないか」と競技委員に訴えました
が、暫定球の宣言をしてなかったので受け入れら
れず、このホールの負けが決定しました。

① 暫定球がインプレーの球となるケース
　　　プレーヤーは初めの球があると思われる場所
　　に到達するまで、何度でも暫定球をプレーする
　　ことができます。
　◎ 初めの球がアウトオブバウンズまたはペナ
　　　ルティーエリア以外の場所で紛失した場合
　　　⇒暫定球は「ストロークと距離」の救済のも
　　　　とに1打の罰を加えてインプレーの球とな
　　　　ります。
　◎ 初めの球があると思われる場所よりもホー
　　　ルに近い箇所から暫定球をプレーした場合
　　　⇒その瞬間に初めの球は紛失球とみなされ、
　　　　1打の罰を加えて暫定球がインプレーの球
　　　　となります。

② 暫定球を放棄しなければいけないケース

　初めの球が3分以内に見つかった、あるいはインバウンズでセーフだった時には暫定球を放棄しなければなりません。たとえブッシュの中で発見された球が打てない状況であっても、初めの球が発見された以上はその球でプレーを続けなければいけません（プレーできなければアンプレヤブルの救済を受けます）。暫定球をプレーすると誤球のプレーとなります。

　このとき、初めの球が発見されるまでプレーした暫定球のストローク数とその球で犯した罰打はカウントしません。

③ 初めの球と暫定球との識別がつかない

　ティーイングエリアから暫定球をプレーしたところ初めの球と同じような場所に飛んで行き、どちらが初めの球か識別できない。

【状況①】 1つの球がインバウンズ、他の1つは紛失したかアウトオブバウンズの場合
⇒インバウンズで発見された球を暫定球とみなします。次打は第4打目。

【状況②】 2球ともアウトオブバウンズにあった場合
⇒プレーヤーはティーイングエリアに戻って第5打目を打ち直します。

【状況③】 2球ともインバウンズで見つかった場合
⇒どちらかの球を選んで、それを暫定球として扱

います。次打は第4打目。

【状況④】　1つの球はペナルティーエリアの中に見つかったが、もう1球は見つからない場合

⇒ペナルティーエリアの中で見つかった球を暫定球とみなし、ペナルティーエリアからの救済処置にしたがいます。池に入れたのは第3打目、1罰打を加えて次打は第5打目となります。

【状況⑤】　2球ともペナルティーエリアの中で見つかった場合

⇒初めの球はペナルティーエリアに入ったので暫定球はプレーできません。プレーヤーはどちらかの球を選んでペナルティーエリア内からあるがままに第2打目を打つか、あるいはペナルティーエリアからの救済処置にしたがって第3打目をプレーします。

!! キャディさんはプレーヤーが暫定球をプレーするときは初めの球と区別できるように、たとえばボールのディンプルにエンピツで印をつける、あるいは初めの球と同じボールで違う番号の球を使うなどのアドバイスをしましょう。

(3) アンプレヤブル

　球が高い木の枝に引っかかってしまった、あるいは深い崖下に落としてプレーできない場合、プレーヤーは自分の球をアンプレヤブルにして、１罰打を加えて救済を受けることができます。

　ただし、アンプレヤブルにするには、その球が間違いなくプレーヤー自身の球であると確認できないと、球が見えていても紛失球となります。

　また、ペナルティーエリアの中にある球はアンプレヤブルにできません。ペナルティーエリアの救済処置にしたがいます。

① 救済方法は１罰打で３通り【図３】
　(ⅰ) ストロークと距離の救済
　　◆基点…直前のストロークを行なった箇所
　　◆救済のエリア…基点から１クラブレングス
　　◆範囲…基点よりもホールに近づかない、基点と同じコースエリア
　　　にドロップ。ティーショットの場合はティーイングエリア内にティーアップできます。
　(ⅱ) 後方線上の救済
　　◆基点…球とホールを結ぶ後方線上の地点
　　◆救済のエリア…基点から１クラブレングス

【図3】 アンプレヤブルの処置

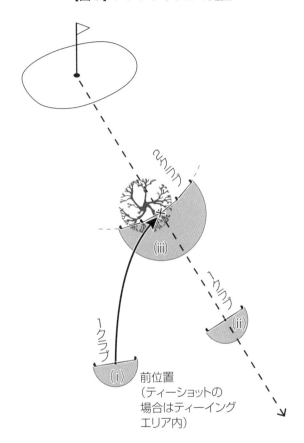

◆範囲…基点よりもホールに近づかないコー
　　スエリア
　　にドロップします。

(iii)　ラテラル救済
　　　◆基点…球がある場所。球が木の上に乗った
　　　　　　場合は、その球の真下
　　　◆救済のエリア…基点から２クラブレングス
　　　◆範囲…基点よりもホールに近づかないコー
　　　　　　スエリア
　　　にドロップします。

② バンカー内のアンプレヤブル【図４】
　　球がバンカーのアゴに突き刺さってしまった
ような場合、バンカーからも同じように１罰打
を加えて３通りの救済処置を選ぶことができま
す。

　　ただし、「後方線上」(ii)と「ラテラルの救
済」(iii)処置をとる場合には、球は同じバンカー
内の救済エリアにドロップして、そのエリアに
止まらなければいけません。

(iv)　２罰打でバンカー外の後方線上からの救済
　　「ストロークと距離の救済」(i)、「後方線上の
救済」(ii)、「ラテラル救済」(iii)の３通りの救済
処置に加えて、球とホールを結んだ後方線上
で、バンカーの外側に基点を定め、そこから
１クラブレングスの救済エリアにドロップす
ることもできます。

　　この場合、アンプレヤブルの１罰打とバン
カー外に救済エリアを定める追加の罰１打を
付加して合計２罰打となります。

【図4】 バンカーからのアンプレヤブル

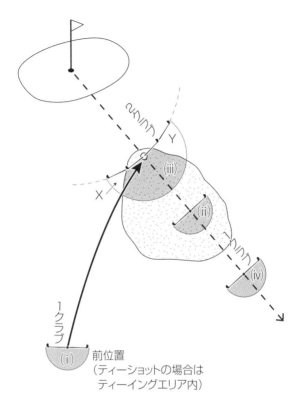

(i)(ii)(iii) は1罰打、バンカー外の (iv) は2罰打
XとYの区域はバンカーの外なのでドロップできない

(4) ペナルティーエリア

　　球が黄線（黄杭）や赤線（赤杭）で指定されたペナルティーエリアの中に確実にあることが分かっている場合、プレーヤーは罰なしにその球をプレーするか、1罰打を加えてペナルティーエリアの外に救済処置を取ることができます。

① 罰なしにプレー

　　ペナルティーエリアの中からあるがままにプレーする場合、プレーヤーはペナルティーエリア内の地面にクラブをソール（地面に触れられる）でき、ルースインペディメントも取り除けます。

　　ただし、①異常なコース状態（動物の穴、修理地、動かせない障害物、一時的な水）、②地面にくい込んでいる球、③アンプレヤブルの救済は受けられません。

② イエローペナルティーエリアの場合は、
　　　1罰打で2通りの救済方法【図5】
　(i) ストロークと距離の処置
　　　◆基点…直前のストロークを行なった箇所
　　　◆救済のエリア…基点から1クラブレングス
　　　◆範囲…基点よりもホールに近づかない、基点と同じコースエリア
　　　　　にドロップ。ティーショットの場合はティーイングエリア内にティーアップできます。

【図5】 イエローペナルティーエリアからの救済方法

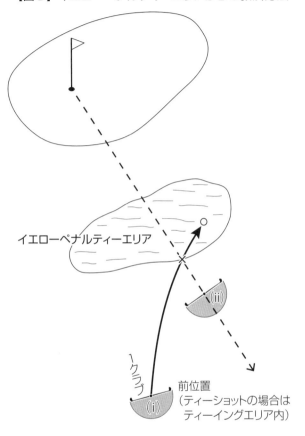

イエローペナルティーエリア

クラブ

前位置
（ティーショットの場合は
ティーイングエリア内）

(ii)　後方線上の救済
　　◆基点…球がそのペナルティーエリアの縁を
　　　　　　最後に横切った地点とホールを結ぶ
　　　　　　後方線上の地点

◆救済のエリア…基点から１クラブレングス

　　　◆範囲…基点よりもホールに近づかないコー
　　　　　　　スエリア

　　　　にドロップします。

③　レッドペナルティーエリアの場合は、
　　１罰打で３通りの救済方法【図６】

　　イエローペナルティエリアの「ストロークと
距離の救済」(ⅰ)、「後方線上の救済」(ⅱ)に加えて、
「ラテラル救済」がとれます。

(ⅲ)　ラテラル救済

　　　◆基点…元の球がそのレッドペナルティーエ
　　　　　　　リアの縁を最後に横切ったと推定し
　　　　　　　た地点

　　　◆救済のエリア…基点から２クラブレングス

　　　◆範囲…基点よりもホールに近づかないコー
　　　　　　　スエリア

　　　　にドロップします。

【図6】レッドペナルティーエリアからの救済方法

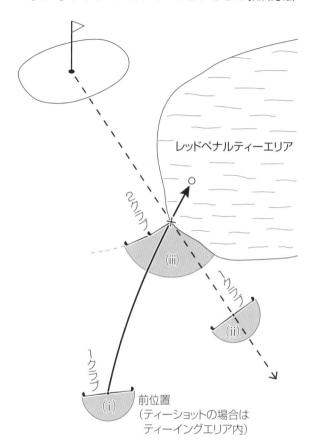

レッドペナルティーエリア

2クラブ

(iii)

1クラブ

(ii)

1クラブ

(i)

前位置
（ティーショットの場合は
ティーイングエリア内）

④ ペナルティーエリアから打った球が出なかっ
た場合【図7】
　ペナルティーエリアの中から罰なしであるが
ままに打った球が、同じペナルティーエリアに
止まった。

(i)　1罰打を加えて、ストロークと距離の救済
　　　◆基点…直前のストロークを行なったペナル
　　　　　　　ティーエリア内の箇所
　　　◆救済のエリア…基点から1クラブレングス
　　　◆範囲…基点よりもホールに近づかない、基
　　　　　　　点と同じコースエリア
　　　　にドロップします。

(ii)　1罰打を加えて、後方線上の救済
　　　◆基点…球がそのペナルティーエリアの縁を
　　　　　　　最後に横切った地点とホールを結ぶ
　　　　　　　後方線上の地点
　　　◆救済のエリア…基点から1クラブレングス
　　　◆範囲…基点よりもホールに近づかないコー
　　　　　　　スエリア
　　　　にドロップします。

(iii)　1罰打を加えて、レッドペナルティーエリ
　　　アの場合はラテラル救済も可
　　　◆基点…元の球がそのレッドペナルティーエ
　　　　　　　リアの縁を最後に横切ったと推定し
　　　　　　　た地点
　　　◆救済のエリア…基点から2クラブレングス
　　　◆範囲…基点よりもホールに近づかないコー

【図7】 ペナルティーエリアから打った場合

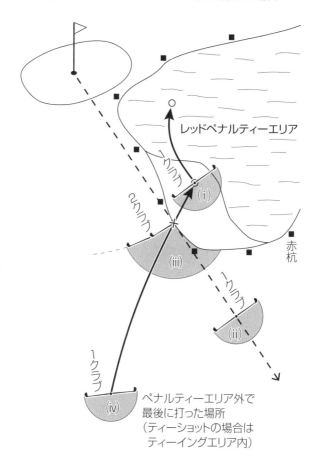

レッドペナルティーエリア

一クラブ

2クラブ

2クラブ

一クラブ

(i)

(iii)

赤杭

一クラブ

(ii)

一クラブ

(iv) ペナルティーエリア外で
最後に打った場所
（ティーショットの場合は
ティーイングエリア内）

　　　　スエリア

　　にドロップします。

(iv)　１罰打を加えて、ペナルティーエリアの外
　　で最後にプレーした場所に戻る

　◆基点…ペナルティーエリアの外で最後にス
　　　　トロークした場所

　◆救済のエリア…基点から１クラブレングス

　◆範囲…基点よりもホールに近づかない、基
　　　　点と同じコースエリア

　　にドロップ。ティーショットの場合はティ
　　ーイングエリア内にティーアップできま
　　す。

　一旦「ストロークと距離」の救済処置を選び、
ペナルティーエリア内から打った箇所(ⅰ)にドロッ
プしたあとで別の救済処置に変更する場合は、更
に１罰打を加えて合計２罰打で「後方線上の救済」
(ⅱ)、「ラテラル救済」(ⅲ)、「ペナルティーエリアの
外で最後にプレーした場所に戻る」(ⅳ)ことができ
ます。

第5章

Let's Try!
状況別 クイズ100問

　5つのコースエリア別に実際に起こりうるルールトラブルを3択クイズにしました。回答しながら正しいルールを覚えましょう。
　（正解欄文末の「P」は本書の解説ページ、「R」は2019年ゴルフ規則の適用条項を記しています）

**ティーショットがOB。
打ち直しは何打目?**

Ⓐ　2打目

Ⓑ　3打目

Ⓒ　4打目

【正解】Ⓑ　OBの場合は1罰打を加えて打ち直します。ティーショットに罰1打を付加して次打は第3打目になります。☞P63

ティーイングエリアの外から打った球がOBになった。

Ⓐ　ティーショットにOBの1罰打を加えて、第3打目をティーイングエリアから打ち直す

Ⓑ　ティーショットにOBの1罰打とティーイングエリアの外から打った2罰打を加えて、第5打目をティーイングエリアから打ち直す

Ⓒ　ティーショットは数えないので、ティーイングエリアの外から打った2罰打を加えて、第3打目をティーイングエリアから打ち直す

【正解】 Ⓒ　ティーイングエリアの外からプレーした球はインプレーではないので、そのストロークはカウントせずOBも関係ありません。2罰打を加えて改めてティーイングエリア内から第3打目を打ち直さなければいけません。

　この訂正のプレーをせずに、次のホールのティーショットを打つ（最終ホールではスコアカードを提出する）と失格です。 P 42

Q3
素振りしたら、ティーアップした球が落ちた。

Ⓐ　罰なしに、落ちた球を再ティーアップできる

Ⓑ　1罰打で、再ティーアップ

Ⓒ　1罰打で、落ちた箇所から打つ

【正解】 Ⓐ　素振りはストロークではありません。落ちた球はインプレーではないので、プレーヤーはその球を罰なしに拾い上げ、ティーイングエリア内に改めてティーアップできます。このとき、ティーアップする場所は変えることができます。 P 44

Q4
空振りしてティーから落ちた球がティーイングエリア内に止まった。

Ⓐ　球に当たっていないので、改めて第1打目を

もう一度打ち直す

Ⓑ　罰なしに球を拾い上げ、再ティーアップできる。次打は第2打目

Ⓒ　1罰打を付加して、もう一度ティーアップし直す。次打は第3打目

【正解】 Ⓑ　空振りはストロークで1打にカウントし、その球はインプレーです。インプレーの球がティーイングエリア内にある場合は、罰なしに拾い上げ、ティーアップすることができます。このとき、ティーアップする場所は変えることができます。☞P44

Q5 チョロした球が ティーマーカーにくっついた。

Ⓐ　ティーマーカーをどけて、あるがままに打つ

Ⓑ　アンプレヤブルの1罰打を加えて、再ティーアップして打つ。次打は第3打目

Ⓒ　罰なしに球を拾い上げ、再ティーアップして第2打目を打つ

【正解】 Ⓒ　ティーマーカーにくっついた球はティーイン

グエリア内の球です。インプレーの球がティーイングエリア内にあるときは、罰なしに拾い上げ、ティーイングエリア内に再ティーアップできます。

　Ⓐのようにティーイングエリア内の球をプレーするときに、ティーマーカーを動かすと2罰打です。球がティーイングエリアの外に止まった場合は、ティーマーカーは動かせる障害物となります。 P 19、P 43

Q6 ティーイングエリア内から打つときに、球の後ろの地面の凸凹を踏んで平らにした。

Ⓐ　罰はない
Ⓑ　1罰打
Ⓒ　2罰打

【正解】Ⓐ

　ティーイングエリア内の地面の不正箇所をクラブや足で踏みつけて平らにしたり、芝をむしったり、砂や土を取り除いても罰はありません。

　ただし、ティーイングエリアに張り出している木の枝などを折ったりして、意図するスイングの区域を改善すると2罰打となります。 R 6.2b

Q7

キャディをプレーの線の後方線上に立たせ、方向を確認しながらスタンスをとった。

Ⓐ 罰はない

Ⓑ ２罰打

Ⓒ 打つときにキャディをどかせば罰はない

【正解】 Ⓑ　プレーの線の後方線上やその近くにキャディを立たせるのは違反で２罰打です。ただし、プレーヤーがストロークする前にスタンスを一旦解いてキャディをどかせ、改めてスタンスとり直せば罰はありません。☞ P37

Q8

同伴競技者のクラブでティーショットを打ってしまい、改めて自分のクラブで打ち直した。

Ⓐ ２罰打で、打ち直した球をプレー。セカンドショットは第５打目

Ⓑ ３罰打で、打ち直した球をプレー。セカンドショットは第６打目

Ⓒ ４罰打で、打ち直した球をプレー。セカンドショットは第７打目

【正解】 Ⓑ　他のプレーヤーのクラブを使ってしまった場合は２罰打を加えて、その球でプレー

を続けます。セカンドショットは第4打目。

　ところが、設問のケースのように新たに自分の
クラブで打ち直すと「ストロークと距離」の1罰
打が付加され、その球がインプレーとなります。
打ち直しのティーショットが第5打目、次打は第
6打目となります。☞P41

Q9 パー3ホールでティーショットすると
き、距離測定器で距離を測っていた同
伴競技者にホールまでの距離を聞いた。

Ⓐ　罰はない

Ⓑ　1罰打

Ⓒ　2罰打

【正解】 Ⓐ　距離測定器を使って距離情報を得
ても違反ではありません。また、ある1点から他
の1点までの距離、ホールやバンカーの位置とい
ったコース上の物の位置や規則についての質問は
アドバイスを求めたことにはなりません。したが
って、ティーイングエリアからホールまでの距離
を聞いても違反ではありません。☞P13

Q10 パー3ホールのティーショットで、先に打ったプレーヤーの番手を共用のキャディに聞いた。

Ⓐ 罰はない
Ⓑ 1罰打
Ⓒ 2罰打

【正解】Ⓐ プレーヤーがアドバイスを求めることができるのはキャディだけで、共用のキャディであってもそれは変わりません。同伴競技者が何番で打ったかを聞いて（教えて）も違反ではありません。キャディに聞かず、同伴競技者のバッグをのぞき込むのはルール上問題ありませんが、クラブやバッグに触れると2罰打となります。
☞ P13

ジェネラルエリア

Q11 打った球が共用のカートに当たった。

Ⓐ 罰はない
Ⓑ 1罰打
Ⓒ 2罰打

【正解】Ⓐ 共用のカートのみならず、打った球が偶然プレーヤー自身やそのキャディ、同伴競技者など他のプレーヤーや用具、カラスなど鳥や動物に当たっても罰はなく、その球は止まったところからあるがままにプレーします。☞P55

Q12 ラフに入った球を捜しているとき、偶然、キャディがプレーヤーの球を蹴飛ばしてしまった。

Ⓐ 罰はない。動かした球は止まったところからあるがままに打つ
Ⓑ 罰はない。動かした球は元の位置にリプレース
Ⓒ 1罰打。動かした球は元の位置にリプレース

【正解】Ⓑ 球の捜索中にプレーヤーまたはそ

のキャディがプレーヤーの球を動かしても罰はなく、その球は元の位置（分からない場合は推定する箇所）にリプレースしなければいけません。リプレースせずに打つと2罰打となります。☞P52

Q13 木に当たってはね返った球がプレーヤーに当たった。

Ⓐ　罰はない
Ⓑ　1罰打
Ⓒ　2罰打

【正解】Ⓐ　動いている球が偶然プレーヤーに当たっても罰はなく、球は止まったところからあるがままにプレーします。☞P55

Q14 フェアウェイの目土の上に止まった球を拾い上げた。

Ⓐ　罰はない
Ⓑ　1罰打
Ⓒ　2罰打

【正解】Ⓑ
　プレーヤーが止まっている自分のインプレー

の球を勝手に拾い上げたり、故意に触れたり、動かしたりすると1罰打です。拾い上げた球は元の位置にリプレースします。リプレースせずに打つと2罰打です。球のライが悪くても、あるがままにプレーしなければいけません。☞P52

Q 15
球の真後ろにある落ち葉を取り除くとき、指が当たって球を動かしてしまった。

Ⓐ　落ち葉は取り除けるので罰はない
Ⓑ　1罰打で、球が止まったところから打つ
Ⓒ　1罰打で、元の位置にリプレースする

【正解】Ⓒ　落ち葉などルースインペディメントを取り除くときに球を動かしてしまうと1罰打です。動いた球は元の位置にリプレースしなければいけません。リプレースせずに打つと2罰打です。☞P54

Q 16
バンカーレーキをどけたら球が動いた。

Ⓐ　罰はない
Ⓑ　1罰打
Ⓒ　2罰打

【正解】Ⓐ　バンカーレーキは「動かせる障害

物」なので、罰なしに取り除けます。そのとき球が動いても罰はなく、動いた球は元の位置にリプレースします。リプレースせずに打つと2罰打です。P52

Q17 腕を伸ばして肩の高さからドロップした。

Ⓐ　正しく膝の高さからドロップし直せば罰はない

Ⓑ　1罰打

Ⓒ　2罰打

【正解】Ⓐ　ドロップの方法を間違えても、ストロークする前であれば罰なしに訂正することができます。間違ったドロップを訂正する回数に制限はなく、何度でもドロップすることができます。P28

Q18 間違った方法でドロップし、救済エリアの外に止まった球をプレーした。

Ⓐ　1罰打

Ⓑ　2罰打

Ⓒ　3罰打

【正解】Ⓑ　救済エリアの外に止まった球をプレーすると、誤所からのプレーで2罰打となりま

す。救済エリア内に止まった球を打った場合には、間違ったドロップを訂正しなかった1罰打です。P28

Q 19 ラフからの第2打がOB。打ち直しの球をドロップしたらバンカーに転がった。

Ⓐ あるがままに球が止まったバンカーから打つ
Ⓑ ドロップした球が落ちた箇所にプレースする
Ⓒ 再ドロップ

【正解】Ⓒ ドロップした球はジェネラルエリアに想定した救済エリアの範囲内に止まらなければいけません。したがって、バンカーに転がった球は再ドロップします。2回目のドロップでも救済エリアの外に転がった場合には、2回目にドロップしたときに球が最初に地面に落ちた箇所にプレースしなければいけません。P28

Q 20 正しくドロップした球が落ちた後、スパイクに触れて救済エリア内に止まった。

Ⓐ 罰はなし。その球をプレーする
Ⓑ 再ドロップ
Ⓒ インプレーの球に触れた1罰打。球は止まった箇所からプレーする

【正解】Ⓐ　正しくドロップした球が救済エリア内に落ちた後、偶然、プレーヤー自身や用具に当たっても罰はありません。救済エリア内に止まっていれば、その球をプレー。救済エリア外に止まった場合は再ドロップします。

 P 28、R 14.3c

Q21

再ドロップしても救済エリア内に止まらないので3回ドロップして止まった球を打った。

Ⓐ　罰はない

Ⓑ　1罰打

Ⓒ　2罰打

【正解】Ⓒ　再ドロップしても止まらない球は、2回目のドロップでその球が最初に地面に触れた箇所にプレースしなければいけません。3回目のドロップで止まった箇所は誤所となり、その球をプレーしたので2罰打です。 P 23

Q22

救済エリアに正しくドロップした球が基点を示していたティペッグに寄りかかって止まった。球はホールに近づいていない。

Ⓐ　再ドロップ

Ⓑ　罰はなし。ティペッグは取り除ける

Ⓒ　罰はなし。ただしティペッグを取り除いたときに球を動かすと、インプレーの球を動かした1罰打

【正解】　Ⓑ　ティペッグは「動かせる障害物」です。これを取り除くときに球が動いても罰はなく、動いた球はリプレースします。☞ P 52

Q 23　急斜面に正しくドロップした球が救済エリアから転がって池に入りそうになったのでキャディが拾い上げた。

Ⓐ　罰はない。再ドロップする

Ⓑ　1罰打で再ドロップ

Ⓒ　2罰打で再ドロップ

【正解】　Ⓐ　ドロップした球が救済エリアの中に止まる可能性がないときは、故意に球を止めても罰はありません。それ以外のときに故意に球を止めたり、方向を変えると2罰打を受けます。
☞ R 14.3d

Q24

球がカート道路に止まったので救済を受け、規則にしたがって救済エリアを確定したが、ドロップではなくプレースして救済エリア内からプレーしてしまった。

Ⓐ　罰はなし
Ⓑ　1罰打
Ⓒ　2罰打

【正解】Ⓒ

　ドロップする代わりにプレースした球をプレーすると2罰打です。☞ P29、R14.3b

Q25

ラフに入った球を捜しているときに、球を蹴飛ばしてしまった。球があったと思われる個所にリプレースせずに間違ってドロップし、その球を打った。ドロップした球はほぼリプレースしなければいけない箇所と変わりなかった。

Ⓐ　罰はなし
Ⓑ　1罰打
Ⓒ　2罰打

【正解】 Ⓑ 球の捜索中に誤って球を動かして
も罰はありません。リプレースするところをドロ
ップした場合、プレーした場所がほぼ正しい場合
は、間違った方法でリプレースしたので1罰打。
プレーした場所が正しい場所以外の場合は、誤所
からのプレーで2罰打となります。☞R14.2b

Q 26 OBゾーン近くの急斜面のラフに止まっ
た球。歩み寄ったら動き出し、そのま
まOBへ出てしまった。

Ⓐ 罰はない。動いた球はリプレースする
Ⓑ 球を動かした1罰打を加えてリプレースする
Ⓒ OBの1罰打を加えて「ストロークと距離」
　 の処置をとる

【正解】 Ⓒ プレーヤーが止まっている球を動
かしたことが「事実上確実」でない場合は、自然
の力が球を動かしたことになり、罰なしに、止ま
ったところからプレーします。設問のケースでは
止まったところがOBなので、1罰打を加えて、
その球を打った元の位置に戻らなければいけませ
ん。☞P53

Q27

プレーの線の後方線上にいるキャディにスタンスの方向を確認してもらいながら構えた。その後、キャディを後方線上から退けて打った。

Ⓐ 罰はない
Ⓑ 1罰打
Ⓒ 2罰打

【正解】Ⓒ　プレーヤーがストロークのためのスタンスを取り始めてからストロークをしている間、キャディが球の後方線上にいると2罰打です。ただし、キャディをその場から退かせ、スタンスを一度解いて、最初から仕切り直せば罰はありません。☞ P 37、R 10.2b

Q28

崖の下から打つとき、グリーンの方向が分かるようにキャディにプレーの線上に立ってもらい、アドレスした後で退いてもらった。

Ⓐ 罰はない
Ⓑ 1罰打
Ⓒ 2罰打

【正解】Ⓐ　プレーの線を教えてもらうために、

キャディや同伴競技者にプレーの線上やその近く
に立ってもらうことはできます。ただし、ストロ
ークする前にその場所から離れてもらわなければ
なりません。☞ P 36、R 10.2b

Q 29 球の後方から目標を定めたプレーヤー
は、正確にスタンスがとれるようにクラ
ブを地面に置き、それに合わせてスタン
スを取った後、置いたクラブを取り除いた。

Ⓐ 罰はない
Ⓑ 1罰打
Ⓒ 2罰打

【正解】Ⓒ スタンスを取るとき、援助となる
物を置くと2罰打です。スタンスを解いたり、そ
の物を取り除いても罰を免れることはできません。
物を置いて、スタンスを取った瞬間に違反となり
ます。☞ R 10.2b

Q 30 同伴競技者の球のすぐ前にプレーヤー
の球が止まった。同伴競技者から球を
拾い上げるように言われた。

Ⓐ 罰なしにプレーヤーはマークして球を拾い上
げ、その球は拭くことができる

Ⓑ 罰なしにプ
レーヤーは
マークして
球を拾い上
げられるが、
その球を拭くと1罰打

Ⓒ 罰なしにプレーヤーはマークして球を拾い上
げられるが、その球を拭くと2罰打

【正解】Ⓑ 別のプレーヤーの球がプレーの障
害になるときは、その球を拾い上げてもらうこと
ができます。拾い上げを要請されたプレーヤーは
マークして球を拾い上げますが、その球を拭くと
違反となります。2本の指で軽く挟むようにして
持っていなければなりません。マークしなかった
り、球を拭くと1罰打です。☞ R15.3b

 ラフに浮いた球にスタンスをとってい
る途中で、球が勝手にコロッと動いた。

Ⓐ 1罰打。動いた球はリプレース
Ⓑ 1罰打。球は止まったところからプレーする
Ⓒ 罰はない。球は止まったところからプレーする

【正解】Ⓒ プレーヤー自身や同伴競技者など
外的影響が球を動かしたことが確実でない場合は、
「自然の力」が球を動かしたとみなします。この

場合罰はなく、その球は止まったところからプレー
します。☞ P 53

Q32 バンカーレーキをどけたら球が動いた のでリプレースするとき、その箇所に ある小枝や落ち葉を取り除いた。

Ⓐ 罰はない
Ⓑ 1 罰打
Ⓒ 2 罰打

【正解】Ⓑ　その球が止まっているときに小枝
や落ち葉を取り除いたら、おそらくその球を動か
したであろうと思われるルースインペディメント
は取り除けません。取り除くと 1 罰打です。
　リプレースとは、①拾い上げた球を、②元のラ
イに置き戻すことです。球が小枝に寄りかかって
いたり、落ち葉の上に止まっていたときはそれを
復元しなければいけません。☞ P 56

Q33 ラフに止まった球の箇所が一時的な水 たまりなのでルールにしたがって救済 を受けたところ、救済エリアがフェア ウェイになった。

Ⓐ 罰はない
Ⓑ あるがままの状態で打つ

Ⓒ　1罰打を加えてフェアウェイにドロップ

【正解】Ⓐ　ルールではフェアウェイとラフの区別はなく「ジェネラルエリア」です。ジェネラルエリアにある球の救済エリアはジェネラルエリアでなければいけません。これに違反すると2罰打です。 P22

Q34
救済エリアにドロップするとき、球が落ちる箇所のルースインペディメントをあらかじめ取り除いた。

Ⓐ　罰はない
Ⓑ　1罰打
Ⓒ　2罰打

【正解】Ⓐ　ルースインペディメントを取り除いても罰はありません。ただし、砂やバラバラの土はグリーン上以外の場所ではルースインペディメントではないので取り除けません。取り除くと2罰打です。 P56

Q35
地面にくい込んだ球を規則にしたがって救済を受けるとき、自らのピッチマークが気になったのでドロップする前に修理した。

Ⓐ　罰はない

Ⓑ　１罰打

Ⓒ　２罰打

【正解】Ⓒ　プレーの線の改善となり２罰打です。救済の基点は「くい込んでいる球」の直後です。ドロップした球がもしピッチマークに入っても、救済エリア外となるので再ドロップとなります。☞ R 8.1a

Q 36 修理地を示す青杭が
スイングの邪魔になる。

Ⓐ　あるがままの状態でプレーする

Ⓑ　罰なしに青杭は抜ける

Ⓒ　１罰打を加えて青杭を抜く

【正解】Ⓑ　青杭は障害物です。取り除ける場合は罰なしに取り除けます。もし、簡単に取り除けない場合には「動かせない障害物」の救済処置を取ります。球がジェネラルエリアに止まっている場合、ペナルティーエリアを示す黄杭や赤杭がスイングの邪魔になる場合も同じです。☞ P 26

Q37 OB杭がスイングの邪魔になる。

Ⓐ　あるがままの状態でプレーする

Ⓑ　罰なしに白杭は抜ける

Ⓒ　１罰打を加えて白杭を抜く

【正解】Ⓐ　アウトオブバウンズを示すOB杭（白杭）は境界物であって障害物ではありません。動かしたり、曲げたり、抜くことはできず、これに違反すると２罰打です。OB杭が邪魔でプレー不可能と判断すれば、アンプレヤブルを宣言するしかありません。☞ P 12、R 8.1a

Q38 プレーする前に、
一度は取り除いたOB杭を
元の位置に戻してからストロークした。

Ⓐ　OB杭を抜いた時点で２罰打

Ⓑ　OB杭を元の位置に戻したので１罰打

Ⓒ　OB杭を元の位置に戻したので罰はない

【正解】Ⓒ　プレーする前に、抜いたOB杭を元の状態に復元すれば罰はありません。
☞ R 8.1c

Q39

球がカート道の上に止まったので救済のニアレストポイントを決め、次打で使う7番アイアンで1クラブレングスを測ってドロップ。球はわずかに救済エリアの外に止まったので再ドロップした。

Ⓐ 罰はなし
Ⓑ 1罰打
Ⓒ 2罰打

【正解】Ⓑ 本来の救済エリアの範囲は、パター以外の最も長いクラブ（通常はドライバー）で測った1クラブレングスです。7番アイアンの長さの救済エリアをわずかに出て止まった球は、本来の救済エリア内に止まっているのでドロップは完了し、その球はインプレーです。プレーヤーはインプレーの球を拾い上げた1罰打を受け、その球はリプレースしなければなりません。 P18

Q40

スタンスをとるとき、球のすぐ後ろにあった目土をギュッと踏みつけた。

Ⓐ 罰はない
Ⓑ 1罰打
Ⓒ 2罰打

【正解】Ⓒ スイング区域の改善で2罰打です。戻されたディボット（切り取られた芝）をクラブで叩いたりして押し付けても2罰打です。☞ R8.1a

Q41 目の前でカラスがフェアウェイの球をくわえて飛んでいった。

Ⓐ 罰はない。球があったと思われる位置にドロップする

Ⓑ 罰はない。球があったと思われる位置にリプレースする

Ⓒ 紛失球。ストロークと距離の処置をとる

【正解】Ⓑ カラスが球をくわえて飛んでいったのを目撃しているので紛失球ではありません。止まっている球が他のプレーヤーや動物など外的影響によって動かされたときは、元の位置（はっきりしないときは推定した位置）に別球をリプレースしなければいけません。カラスが球を持ち去ったところを見ずに、「きっとカラスがくわえていったのだろう」は通用しません。この場合は3分以内に球を見つけられなければ紛失球となります。☞ P54

Q42

同伴競技者の球を打ってしまった。

A　2罰打で、そのままプレーを続ける

B　2罰打で、打った球が止まったところから自分の球に置き換えてプレーする

C　2罰打で、改めて自分の球をプレーする

【正解】 C　誤球をプレーしてしまった場合は2罰打を加えて、改めて自分の球をプレーして訂正します。誤球を打った回数はカウントしません。したがって第2打目で誤球した場合は、自分の球を見つけて次打は第4打目となります。訂正のプレーをしないで、誤球のまま次のホールのティーショットを打つ（最終ホールではスコアカードを提出する）と失格となります。☞ P22

Q43

バックスイング中に球が動いたが、そのまま打った。

A　動いている球を打ったので2罰打

B　罰はない。そのストロークを1打とカウントし、球が止まったところからプレーする

C　罰はない。そのストロークを取り消して再プレー

【正解】 B　動いている球を打つと2罰打です。

ただし、①バックスイングを始めた後に動き出した球、②ティーから落ちつつある球、③水中で動いている球をストロークしても罰はなく、そのストロークをカウントして、あるがままにプレーします。☞ R 10.1d

Q 44 修理地から転がって出てきた球に泥が付いていたので、マークして拾い上げて拭いた。

Ⓐ 罰はない

Ⓑ 1罰打。インプレーの球を勝手に拾い上げた罰

Ⓒ 2罰打。インプレーの球を勝手に拾い上げた1罰打と拭いた1罰打の計2罰打

【正解】 Ⓑ グリーン上で拾い上げた球はいつでも拭くことができます。それ以外の場所では規則で拾い上げることが認められている（たとえばペナルティーエリアや動かせない障害物から救済を受ける）場合を除いて、拾い上げた球を拭くことはできません。

本来、このケースはインプレーの球を拾い上げた1罰打と、認められていないのに球を拭いた1罰打を合わせて2罰打となるところですが、規則1.3c(4)の「複数の規則違反に対する罰の適用」によって合計1罰打となります。

なおルールで球の拾い上げが認められていても、

①球が切れたとか、ひびが入ったかを確かめるために拾い上げた場合、②自分の球かどうかを確認するために拾い上げた場合（確認に必要な限度内では拭ける）、③他のプレーヤーのプレーの妨げまたは援助になる球を拾い上げた場合、④球が救済を認められるかどうかを確かめるために拾い上げた場合は拭くことができません。

 P 52、R 14.1c

Q 45

グリーン周りのラフからアプローチしたところトップ。球はグリーンを横切って確実にバンカーに入りそうになった時、共用のキャディがその球を止めてくれた。

Ⓐ 罰はない
Ⓑ 共用のキャディつまりプレーヤーに1罰打
Ⓒ 共用のキャディつまりプレーヤーに2罰打

【正解】Ⓒ 動いている球の方向を故意に変えたり、止めた場合、その球を止めた人に2打の罰が課せられます。このケースでは共用のキャディなので、プレーヤーが罰を受けます。止められた球は、止められていなければ、その球が止まったであろうと推定する箇所に基づいて救済を受けなければなりません。設問の状況ではバンカー内で止まったと推定した箇所から、ホールに近づかず

1クラブレングス以内で、同じバンカー内の救済
エリアにドロップしてプレーを続けます。
 P56

Q46 ティーショットがOBかもしれないので
暫定球をプレー。2打地点で暫定球を
先にプレーしたあと、前方の崖下で初
めの球が見つかった。球を捜してから
2分だった。

Ⓐ 発見された初めの球をプレーする
Ⓑ 暫定球でプレーする
Ⓒ どちらか1球を選択する

【正解】 Ⓐ 球を捜し始めてから3分以内にコ
ース内で発見された球は、どんな場所にあろうと
インプレーの球です。もしプレー不可能と判断し
たときは、アンプレヤブルの処置をとります。
 P68

Q47 初めの球を捜したが見つからなかった
ので、初めの球があると思われる場所
よりもホールに近いところから暫定球
をプレー。その後、暫定球をプレーし
た地点よりも前方で初めの球を発見。
思っていたよりも前方に転がっていた。

Ⓐ　発見された初めの球をプレーする

Ⓑ　暫定球でプレーする

Ⓒ　どちらか1球を選択する

【正解】　Ⓑ　初めの球があると〝推定する場所〟よりもホールに近い場所から暫定球を打つと、その瞬間に初めの球は紛失球となり、暫定球がインプレーの球となります。したがって、見つかった初めの球をプレーすると誤球のプレーとなります。暫定球がインプレーになるのは、「初めの球があると推定した場所」であって、実際に「発見された場所」ではありません。☞P67

Q48 プレーヤーの球かどうか確認できないが、木の枝に引っかかっている球が見える。

Ⓐ　罰なしに、木の近くに別球をドロップする

Ⓑ　アンプレヤブルにする

Ⓒ　紛失球

【正解】　Ⓒ　球が見えているというだけではアンプレヤブルにできません。3分以内にプレーヤーの球と識別できないと紛失球となり、「ストロークと距離」の処置をとります。☞P70

Q 49 木の枝に引っかかった球を確認するため、クラブを投げて球を落とした。

Ⓐ 罰はない
Ⓑ 1罰打
Ⓒ 2罰打

【正解】 Ⓐ 止まっている球をプレーヤーが動かすと1罰打で、動かした球はリプレースしなければなりませんが、球の捜索中や確認しようとしているときに偶然球を動かしても罰はありません。 ☞ R7.4

Q 50 木の枝に引っかかった球をアンプレヤブルにした。球が止まっていた箇所の真下を起点として「ラテラル救済」の処置をとる場合、救済エリアの範囲は?

Ⓐ 1クラブレングス
Ⓑ 2クラブレングス
Ⓒ 3クラブレングス

【正解】 Ⓑ 元の球の箇所を基点とするラテラルの救済は2クラブレングスです。「後方線上からの救済」は1クラブレングスで、これはイエロー及びレッドペナルティーエリアからの救済でも同じです。 ☞ P72

Q51

ラフに沈んだ球を
キャディが勝手に拾い上げて確認した。

Ⓐ 罰はない

Ⓑ プレーヤーの承認を得ないで拾い上げたので
1罰打

Ⓒ 「確認します」と宣言しなかったので2罰打

【正解】Ⓑ　キャディはいつでもプレーヤーの
球を捜すことはできますが、グリーン上にある球
を除いて勝手にプレーヤーの球を拾い上げること
はできません。プレーヤーの承認がある場合のみ
拾い上げることができます。ただし拾い上げる前
に球をマークすることをお忘れなく。球をマーク
しなかったり、必要以上に球を拭くとプレーヤー
に1罰打が付きます。なお、球を確認するために
拾い上げる宣言は必要ありません。☞ P52

Q52

アプローチするとき、
素振りで球を動かしてしまった。

Ⓐ 罰はない。その素振りを1ストロークにカウ
ントする

Ⓑ 1罰打。球は止まったところから打つ

Ⓒ 1罰打。元の箇所にリプレースする

【正解】Ⓒ　素振りはストロークではありませ

ん。プレーヤーがインプレーの球を動かした場合
は1罰打を加えてリプレースしなければいけませ
ん。リプレースせずに打つと2罰打となります。
☞ P27、P52

Q53

ティーショットを林の中に打ち込み、
球があると思われる場所に行くと、隣
のホールのプレーヤーが球を打ってい
た。自分の球を捜していると、他の球
を発見。「きっと隣のホールの人が間
違えたのだろう…」

Ⓐ 罰はない。発見した球でプレーを続ける

Ⓑ 罰はない。別球を自分の球があったと思われ
る箇所にプレースする

Ⓒ 3分以内に自分の球を発見（取り戻せない）
できなければ紛失球

【正解】Ⓒ 「きっとあの人が間違えたのだろ
う」は通用しません。誤球されたことが不確かな
場合は、3分以内に自分の球を発見できない（取
り返せない）と紛失球となります。見つけた球を
打つと誤球のプレーとなります。☞ P30

Q54

アプローチで2度打ちしてしまった。

Ⓐ 罰はない
Ⓑ 1打罰
Ⓒ 2打罰

【正解】 Ⓐ　クラブが偶然に2回以上球に当たっても罰はなく、1回のストロークだけです。
☞ R10.1a

> **Q55** グリーン回りのラフに止まった球。ライン上にスプリンクラーヘッドが介在して気になるので救済を受けたい。スタンスやスイング区域の障害にはなっていない。

Ⓐ 「動かせない障害物」からの救済が受けられる
Ⓑ 救済は受けられない
Ⓒ 1罰打を付加すれば
　 球を横に動かせる

【正解】 Ⓑ 「動かせない障害物」による障害とは、障害物が①球に触れている、②プレーヤーの意図するスタンス区域や意図するスイング区域の妨げになる、③球がグリーン上にある場合に限り障害物がプレーの線上にかかるときに障害が生じたことになります。このケースでは障害が生じたことにはなりません。☞ P58

バンカー

Q 56 球の後ろにクラブをソールした。

Ⓐ 罰はない
Ⓑ 1罰打
Ⓒ 2罰打

【正解】 Ⓒ 球の直前、直後の砂にクラブで触れると2罰打です。☞ P45

Q 57 バックスイングでクラブが砂に触れた。

Ⓐ 罰はない
Ⓑ 1罰打
Ⓒ 2罰打

【正解】 Ⓒ テークバックの際にクラブが砂に触れると2罰打です。また練習スイングで砂に触れることもできません。砂の状態をテストしたとみなされ2罰打です。☞ P45

Q58

バンカーの縁に止まった球（砂には触れていない）を打つときバンカーの中にスタンスを取り、練習ストロークで砂を打ってからストロークした。

A　罰はない
B　1罰打
C　2罰打

【正解】Ⓐ　その球はバンカーの縁の内側の砂に触れていないのでバンカー内の球ではありません。したがって、練習ストロークでクラブが砂に触れても罰はありません。☞P21

Q59

球の近くの落ち葉を拾った。

A　罰はない
B　1罰打
C　2罰打

【正解】Ⓐ
　バンカー内の
落ち葉、小枝、小石などのルースインペディメントを取り除いても罰はありません。ルースインペディメントはコース上のどこででも取り除けます。
☞P45

Q 60 バンカー内の落ち葉の上に球が止まったので、球を拾い上げて落ち葉を取り除いた。

Ⓐ 罰なしに元の箇所にドロップする
Ⓑ 1罰打で元の箇所にドロップする
Ⓒ 1罰打で元の箇所にリプレースする

【正解】Ⓒ ルースインペディメントを取り除くときに球を動かすと1罰打です。動いた球はリプレースしなければいけません。ペナルティを払いたくなければ、あるがままの状態でプレーするしか方法はありません。☞ P54

Q 61 球はバンカーの土手に置かれたバンカーレーキに寄りかかって止まっていた。バンカーレーキをどけたらバンカーの中へ球が転がった。

Ⓐ 罰なしに元の箇所にドロップする
Ⓑ 罰なしに元の箇所にリプレースする
Ⓒ 1罰打で元の箇所にリプレースする

【正解】Ⓑ バンカーレーキは「動かせる障害物」で、コース上のどこででも取り除けます。そのときに球が動いても罰はなく、動いた球は元の箇所にリプレースしなければなりません。☞ P52

Q 62

クラブを数本持ってバンカーに入り、
使わないクラブを砂の上に置いた。

Ⓐ　罰はない
Ⓑ　1罰打
Ⓒ　2罰打

【正解】Ⓐ

　クラブ、用具、
その他の物をバン
カー内に置くこと
は認められていま
す。バンカーショ
ットをするとき、
バンカーレーキを持って入り、プレーに影響しな
い場所に置けば、ショット後すぐに砂をならしな
がらバンカーから出ることができ、プレーのスピ
ードアップにつながります。 P 45

Q 63

バンカーからの脱出に失敗、球は同じ
バンカーの違う場所に止まった。プレ
ーヤーは足跡と打った跡をならしてか
ら球のところに移動した。

Ⓐ　罰はない
Ⓑ　1罰打
Ⓒ　2罰打

【正解】 Ⓐ　バンカーショットをした後ならば、バンカーの砂をならしても違反ではありません。ただし、同じバンカー内から2度目のバンカーショットをした球が1度目のならした箇所に止まったときは、「ストロークに影響を及ぼす改善」で2罰打となります。 R12.2b

Q64 バンカー脱出後、練習ストロークで砂を打ってスイングチェックした。

Ⓐ　罰はない

Ⓑ　1罰打

Ⓒ　2罰打

【正解】 Ⓐ　球をバンカーから出した後は、砂に触れたり、砂をならしてはいけない禁止事項はなくなります。 P46

Q65 バンカーショットをOBしてしまった。

Ⓐ　1罰打を加えて、打った跡や足跡をならさずに元の箇所に別球をドロップする

Ⓑ　1罰打を加えて、打った跡や足跡をならさずに元の箇所に別球をリプレースする

Ⓒ　1罰打を加えて、打った跡や足跡をならしてから元の箇所に別球をドロップする

【正解】 ⓒ 球をバンカーから出した後は、砂に触れたり、砂をならしてはいけない禁止事項はなくなります。砂をきれいにならした上で、直前に打った箇所を基点として、そこから１クラブレングス以内にドロップします。☞P46

Q 66 バンカーのアゴに球が完全に埋まってしまった。

Ⓐ あるがままの状態で打つ。それが無理な時はアンプレヤブルの処置をとる

Ⓑ バンカーからは誤球にならないので、球の一部が見える程度に砂を取り除いて打つ

Ⓒ 砂を取り除いて球を拾い上げ、プレーヤーの球と確認できたなら球を戻し、球の一部が見える程度に砂を覆い直してから打つ

【正解】 ⓒ プレーヤーは自分の球を見つける責任があります。砂の中に球がスッポリ埋まってしまった場合は球を拾い上げて確認し、自分の球と確認できたなら砂の中に戻して元のライを復元します。その後、球の一部が見える程度に砂を取り除いてからプレーしなければいけません。元のライを復元せずにプレーすると２罰打です。
☞R7.1b

Q 67 バンカーから打った球が前方のアゴに
突き刺さってプレーできない。

Ⓐ 罰なしに球を拾い上げ、球の直後を基点にし
て1クラブレングス以内にドロップする

Ⓑ アンプレヤブルの処置をとる。バンカーの外
にドロップする場合はさらに1罰打を加えて
合計2罰打

Ⓒ アンプレヤブルの処置をとる。バンカーの外
にドロップする場合はさらに2罰打を加えて
合計3罰打

【正解】Ⓑ プレーできないときはアンプレヤ
ブルの救済を受けます。1罰打を加えて、①スト
ロークと距離の救済、②後方線上の救済、③ラテ
ラルの救済のいずれかを選びます。この場合、球
は同じバンカー内にドロップしなければいけませ
ん。バンカーの外からプレーする場合にはさらに
1罰打を加えて、後方線上の救済を受けます。
☞ P 72

Q 68 プレーヤーの球と同伴競技者の球が同
じバンカー内の近くに止まった。同伴
競技者が先にプレーしたところ、プレー
ヤーの意図するスタンスやスイング
区域、球のライが変えられた。

Ⓐ　あるがままの状態でプレー
Ⓑ　罰なしに元の状態を復元してリプレース
Ⓒ　球があった箇所に最も近く、ホールに近づか
　　ない所にドロップする

【正解】Ⓑ　プレーヤーはレーキなどを使って
バンカーを初めの状態に復元し、リプレースしな
ければいけません。R8.1d

Q69 バンカーショットをするとき、プレー
の線上にあるレーキを取り除きに行き、
足跡を直しながらボールの位置に戻っ
た。

Ⓐ　罰はない
Ⓑ　1罰打
Ⓒ　2罰打

【正解】Ⓒ　プレーヤーが自分の球のライ、意
図するスタンスやスイング区域、プレーの線を悪
くした場合、初めの状態に戻すことはできません。
プレーの線を改善した2罰打を受けます。
R8.1d

ペナルティーエリア

Q 70 球が赤杭にくっついて打てない。

A あるがままの状態でプレーする
B 赤杭を抜いてプレーする
C アンプレヤブルの救済処置をとる

【正解】 B 赤杭は障害物です。簡単に抜ける
ようだったら抜いてプレーを続けます。ペナルテ
ィーエリア区域を示す杭および線は、そのペナル
ティーエリア内です。したがって、杭に触れてい
る球はペナルティーエリア内の球となります。
 P 26

Q 71 ペナルティーエリア内の水がない箇所からプレーするとき、地面にクラブを着けた。

A 罰はない
B 1罰打
C 2罰打

【正解】 A ペナルティーエリア内の球をプレ

ーするときに特別な禁止事項はありません。ジェ
ネラルエリアの球を打つときと同じようにクラブ
をソールしたり、ルースインペディメントを取り
除くことができます。☞ P74

Q 72 ペナルティーエリア内のぬかるんだ地
面に球がくい込んだ。

Ⓐ アンプレヤブルの救済処置をとる
Ⓑ 地面にくい込んでいる球の救済処置をとる
Ⓒ ペナルティーエリアからの救済処置をとる

【正解】Ⓒ ペナルティーエリア内にある球は、
①異常なコース状態（動物の穴、修理地、動かせ
ない障害物、一時的な水）、②地面にくい込んでい
る球、③アンプレヤブルの救済は受けられません。
ペナルティーエリアからの救済処置をとります。
☞ P74

Q 73 ペナルティーエリアに架かる橋の上に
球が止まった。

Ⓐ あるがままの状態でプレーするか、またはペ
ナルティーエリアからの救済を受ける
Ⓑ アンプレヤブルの救済処置をとる
Ⓒ 動かせない障害物からの救済処置をとる

【正解】 Ⓐ　ペナルティーエリアの範囲は上方にも下方にも及びます。したがって、橋の上に止まった球はペナルティーエリア内の球です。そのまま打てれば罰なしに、打てなければ1罰打を加えてペナルティーエリアからの救済を受けます。

P 20、P 74

Q74 間違いなくペナルティーエリアに入った球が見つからない。

Ⓐ　紛失球の処置をとる

Ⓑ　ペナルティーエリアからの救済処置をとる

Ⓒ　球がなくなったと思われる地点にドロップする

【正解】 Ⓑ　球がペナルティーエリア内にあることが分かっているか事実上確実な場合は、1罰打を加えて、救済の基点を推定して救済処置をとります。球がペナルティーエリア内に止まったことが不確かな場合は、3分以内に球を発見できなければ紛失球となり「ストロークと距離」の処置をとらなければいけません。P 74

Q75 球がイエローペナルティーエリアに入った。救済を受けたい。

Ⓐ　1罰打で球がペナルティーエリアの縁を横切

った地点とホールを結んだ後方線上に基点を
設け、そこから1クラブレングスの範囲にド
ロップする

Ⓑ　1罰打で球がペナルティーエリアの縁を横切
った地点とホールを結んだ後方線上に基点を
設け、そこから2クラブレングスの範囲にド
ロップする

Ⓒ　1罰打で球がペナルティーエリアの縁を横切
った地点を基点として、そこから2クラブレ
ングスの範囲にドロップする

【正解】 Ⓐ　他にその球を最後にプレーした地
点に戻って打ち直す「ストロークと距離」の救済
を選択することもできます。☞P74

Q76　球がレッドペナルティーエリアに入っ
た。救済を受けたい。

Ⓐ　1罰打で球がペナルティーエリアの縁を横切
った地点を基点として、そこから1クラブレ
ングスの範囲にドロップする

Ⓑ　1罰打で球がペナルティーエリアの縁を横切
った地点を基点として、そこから2クラブレ
ングスの範囲にドロップする

Ⓒ　1罰打で球がペナルティーエリアの縁を横切
った地点を基点として、そこから3クラブレ
ングスの範囲にドロップする

【正解】 Ⓑ　イエローペナルティーエリアから
の「ストロークと距離の救済」と「後方線上の救
済」に加えて、球がペナルティーエリアの縁を横
切った地点を基点として、そこから2クラブレン
グスの範囲にドロップする「ラテラル救済」が選
択できます。レッドペナルティーエリアからの救
済方法は全部で3つです。☞ P76

Q 77

レッドペナルティーエリアからラテラ
ルの救済を受けるとき、手にしている
5番アイアンで2クラブレングスの範
囲を測ってドロップした。

Ⓐ　罰はない

Ⓑ　ドライバー以外のクラブで測ったので1罰打

ⓒ　ドライバー以外のクラブで測ったので２罰打

【正解】　Ⓐ　救済エリアの範囲を決めるクラブはパター以外の最も長いクラブ（通常ドライバー）と定義されています。ただし、それ以外のクラブで測っても、本来の救済エリアの中に球が止まっていれば処置は完了し、その球はインプレーです。わざわざドライバーを取りに行って、プレーの進行を遅らせることはやめましょう。☞P18

Q78　間違いなくレッドペナルティーエリアに入った球は見つからなかったが、ラテラル救済にしたがって別球をドロップしたところ、池の前方で初めの球が見つかった。ドロップするまで３分はかかっていなかった。

Ⓐ　３分以内だったので見つかった初めの球をプレーする
Ⓑ　ドロップした球をプレーする
ⓒ　どちらかの球を選ぶ

【正解】　Ⓑ　球がレッドペナルティーエリアに確実に入ったと判断して、ルールにしたがってドロップした球はインプレーでその球をプレーしなければなりません。見つかった球をプレーすると誤球のプレーとなります。☞P14、R17.1c

グリーン

 グリーンに乗った球をマークせずに拾い上げて拭いた。

Ⓐ　罰はない

Ⓑ　1罰打

Ⓒ　2罰打

【正解】Ⓑ　グリーン上の球は拾い上げて拭くことができます。そのときマークせずに球を拾い上げると1罰打です。キャディはプレーヤーの許可なしにグリーン上の球をマークして拾い上げ、拭くことができます。☞P46

 ライン上のバラバラの土をパターで払いのけた。

Ⓐ　罰はない

Ⓑ　1罰打

Ⓒ　2罰打

【正解】Ⓐ　砂やバラバラの土はグリーン上に限って取り除けます。その方法は手や足のほかクラブ、タオルなどの用具を使っても違反にはなり

130

ません。キャディも取り除けます。 P 47

Q 81 カップ周辺のスパイクマークを直した。

Ⓐ 罰はない
Ⓑ 1罰打
Ⓒ 2罰打

【正解】Ⓐ スパイクマークのほかボールマークや古いホールの埋め跡、芝の張り替え跡、動物の足跡、グリーンにくい込んでいる小石やどんぐりなどを拾い上げた損傷は修復できます。キャディが行なっても違反ではありません。 P 47

Q 82 キャディが「ここを狙ってください」と旗竿でグリーン面に触れてラインを教えてくれた。

Ⓐ 罰はない
Ⓑ 1罰打
Ⓒ 2罰打

【正解】Ⓐ プレーヤーやそのキャディはストロークを行なう前に、グリーン上に触れ

131

てプレーの線を示しても違反にはなりません。
 P 36、R 10.2b

Q 83

旗竿に付き添ったキャディが「ここを狙ってください」と旗竿でグリーン面に触れてアドバイス。その旗竿を狙ってパットした。

Ⓐ　罰はない
Ⓑ　1罰打
Ⓒ　2罰打

【正解】Ⓒ　キャディは旗竿に付き添うためにプレーの線上やその近くに立つことができますが、ストローク前にプレーの線を示す旗竿を他の場所に移動させないと違反となります。プレーヤーは2罰打を受けます。 R 10.2b

Q 84

キャディが旗竿に付き添ったとき、明らかに旗竿の抜き差しで傷んだホールの縁を、プレーヤーがパットする前に手で直した。

Ⓐ　罰はない

Ⓑ 1罰打
Ⓒ 2罰打

【正解】 Ⓐ グリーンの状態を管理するための
エアレーション作業でできた傷や雨、散水による
傷み、自然によるホールの摩耗は修復できません
が、ボールマークやスパイクマーク、引っかき傷、
旗竿や用具によってできた損傷は修理できます。
 P47

Q 85 拾い上げた球をリプレースするとき、
ボールマーカー周辺の砂を払いのけて
いたら誤ってボールマーカーを動かし
てしまった。

Ⓐ 罰はない
Ⓑ 1罰打
Ⓒ 2罰打

【正解】 Ⓐ グリーン上にある球やボールマー
カーを偶然動かしても罰はありません。動かした
球やボールマーカーは元あったと思われる箇所に
リプレースします。 P53、R13.1d

Q86

上りのラインに球をリプレースしてスタンスをとったとき、球が転がりだした。プレーヤーは球に触れていない。

Ⓐ 罰はない。動いた球は元の箇所にリプレースする

Ⓑ 罰はない。動いた球は止まったところからプレーする

Ⓒ 1罰打。動いた球は元の箇所にリプレースする

【正解】 Ⓐ グリーン上でリプレースした球が動いた場合、その原因に関係なく球は元の位置にリプレースします。設問の状況ではプレーヤーが球を動かしたことは不確実なので、風などの自然の力が球を動かしたことになり罰はありません。

☞ P53

Q87

グリーンに乗った球をマークしようと近づいているとき、球が転がりだした。

Ⓐ 罰はない。動いた球は元の箇所にリプレースする

Ⓑ 罰はない。動いた球は止まったところからプレーする

Ⓒ 1罰打。動いた球は元の箇所にリプレースする

【正解】 Ⓑ 拾い上げる前の球が自然の力によ

って動き出したときは、球が止まったところから
プレーします。もちろん球を動かした原因は自然
の力なので罰はありません。P53

Q 88 パッティングでテークバックしたとき
球がコロッと転がったが、そのままス
トロークした。

Ⓐ 罰はない
Ⓑ 1罰打
Ⓒ 2罰打

【正解】 Ⓐ 偶然に動き出した球をストローク
しても罰はありません。その球はあるがままに止
まったところからプレーします。R9.1b

Q 89 プレーヤーが拾い上げた球をキャディ
がリプレース。その球をパットした。

Ⓐ 罰はない
Ⓑ 1罰打
Ⓒ 2罰打

【正解】 Ⓑ 球をリプレースできる人は、①そ
の球のプレーヤー、②その球を拾い上げた人また
はその球を動かした人、に限られます。キャディ
がマークして拾い上げた球はキャディがリプレー

スできますが、プレーヤーが拾い上げた球はリプレースできません。球を拭いたら、その球はプレーヤーに手渡しましょう。認められていない人がリプレースした球をプレーすると1罰打です。

Q 90
グリーン上でパットした球が、グリーン上の止まっている同伴競技者の球に当たってしまった。

Ⓐ 罰はない
Ⓑ 1罰打
Ⓒ 2罰打

【正解】Ⓒ 両球ともグリーン上にあるとき、球を当てたプレーヤーは2罰打を加え、球は止まったところからプレーします。当てられた球は罰なしに、球があった（と推定される）箇所にリプレースします。P55

Q 91
旗竿を立てたままプレーヤーAが約10mのロングパットをしたところ、違うラインからプレーヤーBが約9mのパットをして2球が衝突。プレーヤーBはプレーヤーAがパットしていることに気づかなかった。

Ⓐ 罰なしにそのパットを取り消して、プレーヤーA、Bともに元の位置からパットをやり直す

Ⓑ プレーの順番を間違えたプレーヤーBは2罰打。2球とも元の位置からやり直す

Ⓒ プレーの順番を間違えたプレーヤーBは2罰打。2球とも止まった位置からプレーする

【正解】Ⓐ グリーン上でパットされた球が、偶然グリーン上を転がっている別の球に当たっても罰はなく、両者ともそのストロークはカウントせず、元の箇所に球をリプレースしてパットをやり直します。☞P56

グリーン外から打ったら、グリーン上の同伴競技者の球に当たってしまった。

Ⓐ 罰はない

Ⓑ 1罰打

Ⓒ 2罰打

【正解】Ⓐ 罰はなく、球は止まったところからプレーします。当てられた球は罰なしに元あった（と推定される）箇所にリプレースします。動いている球が他のプレーヤーやキャディ、用具に当たっても同じです。☞P55

Q93

ロングパットした球が、グリーン上を歩いていた共用キャディの足に偶然に当たった。

Ⓐ 罰はない
Ⓑ 1罰打
Ⓒ 2罰打

【正解】 Ⓐ グリーン上からプレーされた球が偶然に人や動物、動いている他の球に当たっても罰はなく、そのストロークを取り消して元あった（と推定される）箇所から再プレーとなります。

☞ P56

Q94

ホールに旗竿を立てたままグリーン上からパットしたところ、旗竿に球を当ててしまった。

Ⓐ 罰はない。球は止まったところから打つ

Ⓑ 1罰打。球は止まったところから打つ

Ⓒ 1罰打。そのストロークを取り消して再プレー

【正解】 Ⓐ 球がグリーン上かどうかにかかわ
らず、プレーヤーは旗竿をホールに立てたままプ
レーすることができます。そのとき球が旗竿に当
たっても罰はなく、球は止まったところからプレ
ーします。球がホールに入ればホールインです。
☞ P 48

 Q 95 ホールに旗竿を立てたままグリーン上
からパットしたところ、球が転がって
いる間に同伴競技者が旗竿を抜いた。

Ⓐ 罰はない

Ⓑ 旗竿を抜いた同伴競技者に1罰打

Ⓒ 旗竿を抜いた同伴競技者に2罰打

【正解】 Ⓒ プレーヤーが旗竿をホールに残す
ことを決めた場合、球の動きに影響を及ぼす旗竿
を取り除くと、取り除いた人に2罰打が付きます。
プレーヤーが旗竿をホールに立てたままプレーす
ることを選んだときは、旗竿に触れないことです。
☞ P 49

Q96

ホールに旗竿を立てたままパットした
ところ、旗竿に寄り添って球が止まっ
た（球の一部がグリーン面より下にない）。
旗竿を取り除いたとき、球がホールイ
ンした。

Ⓐ　罰はなく、ホールインが認められる

Ⓑ　罰はなく、ホールのへりにリプレースする

Ⓒ　止まっている球を動かした1罰打を加えて、
　　ホールのへりにリプレースする

【正解】 Ⓑ　旗竿を取り除いたときに球が動い
ても罰はなく、動いた球はホールのへりにリプレ
ースしなければなりません。☞ P51

Q97

ホールカップの中を覗くようにして止
まった球。10秒を過ぎたが、球が揺れ
ていたのでしばらく眺めていると、球
がホールインした。

Ⓐ　罰はなく、ホールイ
　　ンが認められる

Ⓑ　1罰打で、ホールの
　　へりにリプレースす
　　る

Ⓒ　1罰打で、ホールイ
　　ンが認められる

【正解】 ⓒ 球がホールに入るかどうかを待てるのは10秒間です。それ以降に球がホールに入った場合はホールアウトは認められますが、1罰打を受けます。 P 52

Q 98
グリーン上に置いた旗竿に球が当たりそうになり、共用のキャディがあわてて旗竿を取り除いた。

Ⓐ 罰はない

Ⓑ キャディつまりプレーヤーに1罰打

Ⓒ キャディつまりプレーヤーに2罰打

【正解】 Ⓐ 球が動いている間に、①取り除いた旗竿、②グリーン上の球、③グリーン上にある他のプレーヤーの用具、を取り除いても罰はありません。万が一、球が当たっても罰はありません。
 P 50

Q 99
パターヘッド1つ分移動したボールマーカーを元に戻さずにパットしてしまった。

Ⓐ 1罰打で、正しい位置から打ち直す

Ⓑ 2罰打で、正しい位置から打ち直す

Ⓒ 2罰打で、そのままプレーを続ける

【正解】 Ⓒ 誤所からのプレーとなり、2罰打でそのままプレーを続けます。あわてて元の位置からパットし直すと、さらに2罰打が加わり計4罰打となります。誤所からプレーしてしまったときは、重大な違反のない限りその球でプレーを続けます。 P23

 Q100

2グリーンで使用していないプレー禁止のグリーンカラーに止まった球。スタンスはグリーンにかかるが、球はグリーンに乗っていないので、あるがままの状態でアプローチした。

Ⓐ 罰はない

Ⓑ 1罰打

Ⓒ 2罰打

【正解】 Ⓒ プレー禁止になっている目的外のグリーンからは「完全救済」でなければいけません。スタンスやスイング区域が目的外のグリーンにかかる場合にも救済を受けないと2罰打となります。 P63

MEMO

〝キャディ力〟を高める
実践ゴルフルール
基本とクイズ100問

令和 2 年11月20日　　初版発行

定　価　　1,540円（本体1,400円＋税10％）
発行人　　久保木佳巳
発行所　　一季出版株式会社
　　　　　〒103-0002
　　　　　東京都中央区日本橋馬喰町2-2-12
　　　　　日本橋馬喰町ＴＹビル5階
　　　　　電話　03（5847）3366
　　　　　FAX　03（5847）3367
　　　　　http://www.ikki-web2.com
印刷所　　株式会社上野印刷所
　　　　　落丁、乱丁本はお取替えいたします。

「2023 年ルール改訂」による修正

◎ P42（3）、（4）　ラウンド中に損傷したクラブ

　2019 年規則ではラウンド中にクラブが損傷した場合、そのクラブをそのまま使うか、修理するしか方法はありませんでした。唯一、他者や外的影響、自然の力によって損傷したケースのみクラブを取り換えることが出来ました。

　2023 年規則ではプレーヤーがクラブを地面に叩きつけるなど乱暴に扱って壊した場合を除き、損傷したクラブは交換できるようになりました。

◎ P53（2）　止まっている球を自然が動かす

　止まっている球が風や水などの自然の力によって動かされても罰はなく、球は止まったところからプレーしなければなりません。

　2019 年規則では例外として、パッティンググリーンでプレーヤーがその球を拾い上げてリプレースした後に動いた場合は、元の箇所にリプレースします。

　2023 年規則では例外がもう一つ追加され、『ドロップ、プレース、リプレースしてインプレーにした後で止まっている球がコースのほかのエリアやアウトオブバウンズに移動した場合は、その球をもとの箇所にリプレースしなければならない』ことになりました。

　本書では【実例】として、2019 年の PGA ツアー「フェニックスオープン」でリッキー・ファウラーが池に入れて 1 罰打を加えて別球をドロップした後、止まっていたその球が自然に動き出して斜面を転がって再び池ポチャ。もう 1 罰打を科された“悲劇”を紹介しましたが、2023 年規則では 2 度目の 1 罰打はなくリプレースとなります。

◎後方線上の救済エリア

　ペナルティエリアからの救済やアンプレヤブルの救済処置の一つに「後方線上の救済」があります。2023年規則ではその救済エリアの範囲が変更されました。

　2019年規則では後方線上に基点を設け、基点から1クラブレングスで、基点よりもホールに近づかない半円の範囲がドロップエリアでした（図左）。

　2023年規則は基点から「どの方向にも1クラブレングスの範囲」となり、ドロップエリアは円に変わりました（図右）。

[関連イラスト] P60、P71、P73、P75、P77、P79

【2019年規則】　　　　　【2023年規則】

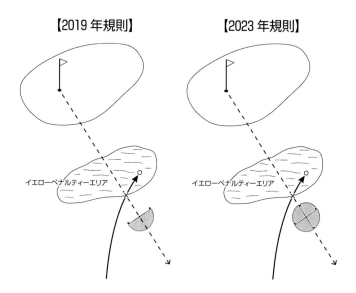

イエローペナルティーエリア　　　　　イエローペナルティーエリア